INVISÍVEIS

Fernanda da Escóssia

INVISÍVEIS

Uma etnografia sobre brasileiros sem documento

FGV EDITORA

Copyright © 2021 Fernanda da Escóssia

Direitos desta edição reservados à
FGV EDITORA
Rua Jornalista Orlando Dantas, 9
22231-010 | Rio de Janeiro, RJ | Brasil
Tels.: 0800-021-7777 | 21-3799-4427
Fax: 21-3799-4430
editora@fgv.br | pedidoseditora@fgv.br
www.fgv.br/editora

Impresso no Brasil / *Printed in Brazil*

Todos os direitos reservados. A reprodução não autorizada desta publicação, no todo ou em parte, constitui violação do copyright (Lei nº 9.610/98).

Os conceitos emitidos neste livro são de inteira responsabilidade da autora.

1ª edição: 2021; 1ª reimpressão: 2022.

PREPARAÇÃO DE ORIGINAIS: Sandra Frank
EDITORAÇÃO ELETRÔNICA: Abreu's System
REVISÃO: Aline Duque Erthal | Daniel Seidl de Moura
CAPA: Estúdio 513 (sobre foto de autoria de Fernanda da Escóssia)

Dados internacionais de Catalogação na Publicação
Ficha catalográfica elaborada pelo Sistema de Bibliotecas/FGV

Escóssia, Fernanda Melo da
   Invisíveis : uma etnografia sobre brasileiros sem documento / Fernanda da Escóssia. – Rio de Janeiro : FGV Editora, 2021.
   156 p.

   Originalmente apresentada como tese da autora (doutorado – Escola de Ciências Sociais da Fundação Getulio Vargas, 2019) sob o título: Invisíveis : uma etnografia sobre identidade, direitos e cidadania nas trajetórias de brasileiros sem documento.
   Inclui bibliografia.
   ISBN: 978-65-5652-054-4

   1. Registro civil – Brasil – Aspectos sociais. 2. Direitos humanos – Brasil. 3. Direitos fundamentais. I. Fundação Getulio Vargas. II. Título.

CDD – 306

Elaborada por Amanda Maria Medeiros López Ares – CRB-7/1652

Para Lauro e Sylvia, meus pais
Para Ana e Daniel, meus filhos
Nomes do meu amor sem fim.

Sumário

Agradecimentos	9
Introdução	13
Documentação, controle e cidadania	15
Registro e sub-registro no Brasil	18
Dentro do ônibus, um pedaço do país: nota metodológica	24
Sobre o livro	28
1. "Sou uma pessoa que não existe"	31
Três gerações sem documentos	31
"Quem sou quando não tenho documentos?"	37
A vergonha de Rita: problema de quem?	41
Valderez e o fio da vida: "Por que quero um documento?"	46
2. A *síndrome do balcão* e a chegada ao ônibus	63
A cartela de carimbos	63
"Quem é seu responsável?": a cidadania mediada	70
"Mulher não precisa de registro": as tutoras em ação	78
De *checkpoint* a ponto de chegada: o lugar do ônibus	87
3. Nas audiências, as provas de vida e a vida como prova	95
"Vi minha mãe grávida da minha irmã": testemunho e memória como prova da existência	95
A história dos presos invisíveis: a punição chega antes dos direitos	100
"As pessoas sentem muito poder em dizer não": do direito aos direitos	106
4. "Agora eu vou viver a vida": o rito em funcionamento	127
Considerações finais	137
"Eu até me sinto uma pessoa melhor": a existência ganha registro	137
Referências	145

Agradecimentos

Este livro é uma versão modificada de minha tese de doutorado, defendida em abril de 2019 no Programa de Pós-Graduação em História, Política e Bens Culturais (PPHPBC) da Escola de Ciências Sociais da Fundação Getulio Vargas (FGV CPDOC). A tese encerrou um ciclo iniciado 25 anos antes, quando me mudei de Fortaleza para o Rio de Janeiro a fim de cursar o mestrado na Escola de Comunicação da Universidade Federal do Rio de Janeiro (UFRJ). Com o mestrado concluído em 1996, optei por viver o jornalismo em grandes redações. O doutorado foi adiado por muitos anos. No regresso à vida acadêmica, agradeço a quem me pegou pela mão para me guiar nos caminhos da etnografia.

Letícia Carvalho de Mesquita Ferreira, minha querida orientadora, me recebeu sem me conhecer e enxergou meu projeto de pesquisa numa perspectiva além do que eu podia descortinar. Pelas indicações preciosas de textos e livros, pela leitura atenta, pela revisão minuciosa, por me ouvir nos dias de lágrimas e nos dias de vitórias, pela generosidade imensa, muito obrigada.

Agradeço também às professoras Mariza Peirano, Adriana Vianna, Angela Moreira e Cristina Rego Monteiro da Luz, que aceitaram compor a banca, e à professora Laura Lowenkron, suplente, a contribuição durante o processo de qualificação. Agradeço à Associação Brasileira de Antropologia, que concedeu a esta pesquisa menção honrosa no Prêmio de Antropologia e Direitos Humanos de 2020.

Agradeço ao CPDOC e ao professor Celso Castro, diretor da instituição, a acolhida sem reservas no PPHPBC. O apoio acadêmico e financeiro do CPDOC, a dedicação e a excelência de sua equipe técnica asseguraram, durante o curso de doutorado, o acesso a uma fenomenal biblioteca e a participação em eventos científicos no Brasil e no exterior. Aos professores e colegas de doutorado do CPDOC, agradeço o compartilhamento de ideias, dúvidas e soluções.

Para que a tese virasse livro, foi indispensável a acolhida da professora Marieta Ferreira, diretora da FGV Editora. Agradeço a ela e a toda a equipe da editora, e agradeço a Plínio Lopes a checagem atenta.

Agradeço à FGV Direito Rio o período de seis meses em que permaneci como pesquisadora *fellow* e bolsista da instituição. A bolsa me permitiu tranquilidade num momento em que a pesquisa de campo demandava atenção intensa. Agradeço a toda a equipe da escola, em especial ao professor Joaquim Falcão, o diálogo permanente sobre o direito e os direitos.

A equipe de juízes, promotores, defensores e técnicos do ônibus da Justiça Itinerante permitiu que eu acompanhasse de dentro a rotina do meu objeto de pesquisa. Agradeço a confiança renovada a cada sexta-feira. Pioneira no combate à falta de documentação no Brasil, a juíza Raquel Chrispino me apresentou o ônibus e se tornou, mais do que fonte, interlocutora nesta pesquisa. Thereza Guimarães me abriu caminhos no ônibus e no Tribunal de Justiça. Erika Santos me apresentou a expressão *síndrome do balcão*, central neste trabalho. Tula Brasileiro e Cláudio Machado ajudaram a procurar perguntas e respostas sobre o tema da documentação.

Aos colegas jornalistas que entenderam a urgência de minha pauta e aos técnicos do Instituto Brasileiro de Geografia e Estatística (IBGE), sempre a postos para esclarecer minhas dúvidas, muito obrigada.

No triênio de 2016 a 2018, vivi intensamente a UFRJ, maior universidade federal brasileira — foram dois anos como professora substituta da Escola de Comunicação (ECO) e um como repórter da Associação dos Docentes da UFRJ (Adufrj). Na ECO, agradeço aos colegas professores, em particular a Cristiane Costa e Paulo Cesar Castro, e, na Adufrj, a Ana Beatriz Magno, que me fez olhar a UFRJ com olhos de repórter, e Kathlen Barbosa, superestagiária responsável pela edição do vídeo com a síntese da tese. A UFRJ me trouxe ao Rio, e a ela devo muito do que sou. Obrigada, Minerva.

Na UFRJ, na FGV e no Ibmec, o convívio com alunas e alunos me fez renovar esperanças em um futuro melhor. Eu era jornalista, eles me tornaram professora.

Karina Kuschnir é amiga dos tempos das fraldas dos nossos bebês. Dividiu angústias sobre a pesquisa, o país, os alunos e os filhos. Em seu *blog* com dicas sobre a vida acadêmica, escreveu uma frase que guardo comigo: "Escreve primeiro, desiste depois". Karina, segui seu conselho.

A Eliane Neves e Viviane Barros, agradeço o apoio familiar e doméstico no Rio.

Aos meus pais, Lauro e Sylvia, agradeço o amor infinito, que as brumas da velhice não apagam. Aos meus irmãos, agradeço por cuidarem dos meus pais na minha distância. À minha irmã Ilná, que partiu antes da hora, agradeço a trajetória de luta contra o câncer e a coragem diante de tudo. À irmã que me restou, Carla, agradeço tanta coisa que não caberia nem em mil páginas. Agradeço, assim, as risadas e as conversas ao primeiro toque da alvorada.

Ao meu amor, Mário, agradeço a paciência para ouvir as histórias do ônibus e a parceria numa vida inteira.

Meus filhos, Ana e Daniel, são uma inspiração diária. Recompensam com alegria e inteligência o tempo que passamos separados.

Meu maior agradecimento, por fim, vai para as pessoas que dão vida a esta pesquisa: os brasileiros indocumentados que buscaram a certidão de nascimento no ônibus da Praça Onze. Agradeço por terem aceitado que eu os escolhesse e, mais do que isso, por terem me escolhido para ouvir suas histórias de vida. Sem eles, este trabalho não existiria.

Introdução

Toda sexta-feira, o ônibus azul e branco estacionado no pátio da Vara da Infância, da Juventude e do Idoso, na região da Praça Onze de Junho, Centro do Rio, sacoleja com o entra e sai de gente a partir das 9h. Do lado de fora, nunca menos de 50 pessoas, todas pobres ou muito pobres, quase todas negras, cercam o veículo, perguntam, sentam e levantam, perguntam de novo e esperam sem reclamar o tempo que for preciso. Adultos, velhos e crianças estão ali para conseguir o que, no Brasil, é oficialmente reconhecido como o primeiro documento da vida — a certidão de nascimento.

Resultado de uma parceria entre dois projetos do Tribunal de Justiça do Estado do Rio de Janeiro (TJRJ), a Justiça Itinerante e o Serviço de Promoção à Erradicação do Sub-registro de Nascimento e à Busca de Certidões (Sepec), o ônibus da Praça Onze é o coração de um trabalho realizado pelo TJRJ com a finalidade de reduzir o chamado sub-registro, a proporção de pessoas sem certidão de nascimento. É também o objeto deste livro, uma versão reduzida de minha tese de doutorado. Inspirada pela indagação de Peirano (2006) — de que serve um documento? —, analiso como o processo de obtenção da certidão de nascimento traz à tona concepções de direitos e cidadania expressadas pelas pessoas que procuram o serviço da Justiça Itinerante no Centro do Rio de Janeiro e problematizo de que forma, nesse processo, tais concepções vividas e relatadas por elas também se transformam.

A fim de valorizar a experiência e as vivências das pessoas sem documento, construí metodologicamente a pesquisa como uma etnografia, com observação participante no ônibus da Praça Onze. Também no livro, optei por destacar as histórias e as respostas dessas pessoas às minhas perguntas. Como um adulto vive sem documentos numa sociedade documentada? Como se vê sem documentos? Que papel atribui ao registro de nascimento?

"Quero o registro de nascimento para receber o Bolsa Família", dizia um. "Quero o registro de nascimento para tirar a carteira de trabalho", afirmava outro. "Quero dar entrada na aposentadoria", esclarecia o terceiro. "Quero o registro para colocar meu filho na escola", ressaltava o quarto. As respostas de quem chegava ao ônibus indicavam inicialmente que o registro de nascimento teria finalidade imediata, pois os entrevistados afirmavam que buscavam o documento para conseguir alguma coisa, muitas vezes outro documento (carteira de trabalho), acesso a políticas públicas e benefícios sociais (inclusão no Bolsa Família, aposentadoria) ou serviços (vaga em escola, atendimento médico).

Etnografar o adulto sem documento é mergulhar no que Das e Poole (2004) categorizam como "margens do Estado", práticas, lugares e linguagens em espaços que parecem estar nos limites do funcionamento regulamentado do Estado-nação. O desafio trazido pela reflexão de Das e Poole, e que tento incorporar a esta pesquisa, é refletir sobre que relações se desenrolam nessas margens, tradicionalmente percebidas como áreas nas quais o Estado parece não estar presente — mas está, ainda que de modo não regular nem regulamentado. E perceber que margens do Estado também constituem o que chamamos Estado, pois o Estado também se faz nas margens (Das e Poole, 2004). Outra reflexão necessária é sobre como tais margens, muitas vezes entendidas como áreas nas quais o Estado foi inábil para impor sua ordem e como lugares onde haveria apenas exclusão e desordem, reorganizam continuamente suas práticas e experiências, numa construção que não é monolítica, mas sim processual e dinâmica. Nas margens do Estado, a observação etnográfica dessas práticas e vivências mostra que exclusão e desordem convivem com resistência e pluralidade.

A chegada das pessoas sem documento ao ônibus é um encontro, com agentes do Estado, de indivíduos que sempre viveram nas margens desse Estado. Quem não tem registro de nascimento não pode tirar nenhum outro documento, não vota, não tem emprego formal, conta em banco ou bens em seu nome. Só consegue atendimento médico de emergência e não pode ser incluído em políticas sociais. O acesso à educação é limitado, pois as escolas exigem documentação para matricular crianças. Durante a pesquisa de campo, pude observar uma dupla operação: (1) a reconstituição, pelas pessoas atendidas no ônibus da Praça Onze, de suas existências nas margens do Estado e (2) o encontro dessas pessoas com agentes do Estado e, mais do que isso, com a ideia que elas construíram de Estado, aqui representado pela Justiça Itinerante.

A observação cotidiana do atendimento no ônibus foi me indicando que o registro de nascimento tinha finalidade imediata, mas não apenas isso. Os relatos permitiram inferir que, no processo de obtenção do documento, muitas das pessoas atendidas buscavam reconstruir a própria história e recuperar laços familiares, no processo que Schritzmeyer (2015) nomeia como recuperação dos "fios de suas vidas". Elaborei então a hipótese de que, na busca pela documentação, a dimensão imediata e inegável de "para que serve o registro de nascimento" se junta a outra, que remete a outra busca, agora por direitos, acesso à cidadania e recuperação da própria história familiar. A busca pelo registro de nascimento, com os direitos que ele garante, é parte de um processo maior de construção da própria identidade.

Documentação, controle e cidadania

O Estado-sistema, tal como definido por Abrams (2006), tem entre suas práticas fundamentais a identificação de pessoas, e registrar os indivíduos foi uma atividade constitutiva da formação dos Estados nacionais (Bourdieu, 2011). A prática hoje corriqueira de registrar e contar pessoas sofreu diversas transformações ao longo do tempo. Nas sociedades antigas, segundo DaMatta (2002), os censos populacionais e de animais domésticos serviam como instrumento de cobrança de impostos, de controle da produção, dos movimentos da população e da identificação de pessoas potencialmente perigosas. Brasileiro (2008) relata que, pelo menos dois séculos antes de Cristo, havia um sistema de registro civil na China, e os antigos incas tinham um método de anotações de nascimentos e óbitos.

A Igreja Católica também tinha o hábito de manter registros eclesiásticos sobre batizados de seus fiéis, passando posteriormente a fazer o mesmo quanto a casamentos e óbitos (Makrakis, 2000). No século XVI, o Concílio de Trento tornou obrigatória a prática já corrente na Igreja Católica de fazer e conservar registros paroquiais com dados sobre batismos, nascimentos e casamentos (Almeida, 1966). Álvaro Júdice (1927), oficial do registro civil de Portugal, historia como, em paralelo aos registros eclesiásticos, o registro civil laico vai sendo introduzido lentamente, extinguindo-se o caráter eminentemente religioso e consolidando-se a figura do escrivão, responsável pelos registros e assentos.

A Revolução Francesa é listada por variados autores como marco no aprofundamento da necessidade de inventariar as populações e seus movimentos (Foucault, 2015; DaMatta, 2002; Makrakis, 2000; Júdice, 1927). Foucault (2015) auxilia a compreender tanto o sentido da vigilância do poder público, na qual o documento é peça-chave, quanto o poder disseminado nas relações cotidianas. A partir do diálogo com Foucault, é possível entender o registro de nascimento como um mecanismo de controle, que possibilita a realização de estatísticas, o planejamento de ações de políticas públicas e a maior vigilância das populações. Documentos, censos, estatísticas, registros são práticas do Estado-sistema que tornam as pessoas legíveis e localizáveis dentro de determinado grupo populacional. O registro passa a ser entendido pelo Estado como ferramenta para o monitoramento contínuo das populações. DaMatta (2002:51) explicita o papel dos documentos, em qualquer lugar do mundo, como forma de controle do Estado nacional sobre os cidadãos diante da "necessidade de inventariar os recursos humanos disponíveis na sociedade, pela contagem e classificação de seus habitantes".

Sem refutar a dimensão de controle levantada por Foucault, Peirano (2006), Santos (1979) e DaMatta (2002) desenvolvem a noção da documentação como garantidora de direitos. Santos (1979) analisa como, no Brasil, a cidadania foi historicamente regulada pelo Estado e como outro documento, a carteira de trabalho, se tornou, a partir de 1930, passaporte para o mundo dos direitos. DaMatta (2002) afirma que o sistema de documentação brasileiro é todo encadeado, e para se obter um documento é sempre exigido um anterior. Cita como documento fundador o registro de nascimento, que origina a certidão de nascimento. Carvalho (2001, 2008) cunha a ideia de "estadania", entendida como uma relação clientelista do cidadão com o Estado, ou uma cidadania construída de cima para baixo, com fortíssima presença do Estado e sem a consequente garantia de direitos de todos. Em *Cidadania insurgente*, estudo etnográfico e político ambientado em bairros populares de São Paulo, Holston (2013) recupera o conceito de "cidadania regulada" de Santos (1979) e traz outro, que muito ajuda a analisar a condição dos sem-documento. Para Holston (2013:258), a partir de dois pilares — a incorporação da cidadania pelo Estado e a distribuição de direitos para os que são considerados cidadãos — o Brasil construiu historicamente um tipo peculiar de cidadania, que o autor define como "cidadania diferenciada": "uma cidadania que desde o início foi universalmente includente na afiliação e maciçamente desigual na distribuição de seus direitos". Em outras palavras, a cidadania brasileira, tecnicamente, é universal e oferece direitos a toda a população, mas é de fato desigual na distribuição desses direitos.

O diálogo dessa investigação com a obra de Holston ocorre a partir do conceito de cidadania diferenciada, ideia que salta aos olhos na pesquisa sobre os sem-documento. Tecnicamente, nada nunca lhes foi negado, já que o registro de nascimento é um direito garantido em lei e gratuito a qualquer cidadão. Na prática, observo como, para uma parcela da sociedade brasileira, o processo de cidadania diferenciada se reflete na ausência de vários direitos — e como, no processo de busca pela regularização daquele direito, ressurgem os conceitos de cidadania universal e do documento como direito de todos, permitindo discutir as implicações de sua ausência e os motivos para obtê-lo. Documentos ainda hoje são a chave para o acesso a políticas públicas e projetos sociais no Brasil. Peirano (1986, 2006) também discorre sobre a ausência de documentos e afirma que o contraponto à exigência de documentação é a punição de quem não a possui. DaMatta (2002) analisa o receio difuso dos brasileiros de serem interpelados sem que estejam de posse de seus documentos — rotina com a qual os invisíveis, tema deste projeto, convivem; Peirano (2006) destaca o temor do brasileiro de perder documentos, lembrando casos em que ladrões devolvem os documentos de pessoas assaltadas, tal a importância dos papéis como chave de acesso para obtenção de direitos.

Registro e sub-registro no Brasil

No Brasil colonial, o registro de nascimento era lavrado nas paróquias, pouco depois do batismo da criança, e mesmo no Brasil imperial só valiam registros religiosos. Makrakis (2000) lembra como historicamente no Brasil, devido à forte ligação entre Igreja e Estado, os registros religiosos nos livros das paróquias tinham valor de prova. O registro civil de nascimento só se tornou ato do Estado na República, com a separação entre Igreja e Estado. Paralelamente à instituição do registro civil laico, o Império brasileiro concede às instituições cartorárias no Brasil, instituições privadas, a função de efetuar os registros. Desde a época do Império, os cartórios funcionavam em regime de concessão governamental, com cargos vitalícios para seus dirigentes (os tabeliães) e o repasse hereditário da função a seus sucessores.

Só com a Constituição de 1988 foi vedado o direito de nomeação dos dirigentes de cartório por livre decisão do governante, prevendo-se a realização de concursos públicos para preenchimento das vagas existentes. Em 1994, a Lei nº 8.935 regulamentou as normas sobre concursos para titulares de cartórios.

O sistema de registro civil é atualmente regulamentado no Brasil pela Lei nº 6.015, de 31 de dezembro de 1973, e, de acordo com o art. 50 dessa mesma lei, o registro de nascimento deverá ser realizado nos cartórios de Registro Civil das Pessoas Naturais (RCPN), entidades privadas que exercem essa função por delegação do poder público, dentro do prazo máximo de 15 dias a partir do nascimento da criança. O registro deve ser feito pelos pais, mediante apresentação de seus documentos e da declaração de nascido vivo (DNV), documento emitido pelos hospitais. O prazo pode ser prorrogado por até três meses, para os casos nos quais os lugares de ocorrência do evento distem mais de 30 quilômetros da sede do cartório. Depois desse registro nos livros, o cartório de RCPN expede a certidão de nascimento da criança, que se torna, então, o primeiro documento do cidadão brasileiro. A Lei nº 9.534, de dezembro de 1997, estabelece que a primeira via desse documento é gratuita para o cidadão. Por esse serviço, os cartórios recebem um pagamento cujos recursos são originários das Corregedorias de Justiça, órgãos ligados aos Tribunais de Justiça dos estados. Os cartórios de RCPN também realizam todos os atos de registro da vida civil, como o registro de óbitos, casamentos e divórcios (IBGE, 2016). Tradicionalmente, a legislação brasileira determinava que a criança fosse registrada pelo pai no cartório. A mãe só poderia fazer o registro por ocasião de ausência ou morte do pai, ou, ainda, omissão dele, caso em que a criança ficaria sem o nome paterno no registro. Desde 2015, a Lei nº 13.112 modificou essa condição e passou a permitir que a criança também seja registrada pela mãe, com a indicação do nome paterno.

Pelas leis do Estado brasileiro, portanto, o registro civil é o primeiro ato legal que certifica a existência de alguém, e tal ato gera o primeiro documento: a certidão de nascimento. A apresentação da certidão de nascimento é obrigatória para o cidadão obter seu próximo documento, que costuma ser a carteira de identidade — que, além de trazer as informações do registro civil, exige a produção dos dados da biometria de cada um, com a coleta das impressões digitais. A partir daí, sempre com a exigência de contra-apresentação de um documento anterior, normalmente a certidão de nascimento ou a carteira de identidade, outros documentos virão: CPF, carteira de motorista, certificado de reservista (que os cidadãos do sexo masculino recebem quando se apresentam para o serviço militar obrigatório), título de eleitor, passaporte e certidão de óbito. Quando o indivíduo morre, em sua certidão de óbito (também emitida pelos RCPNs) constarão dados de outros documentos seus; quem não tem documentos não tem o nome na certidão de óbito e é enterrado como indigente, em sepultura sem identificação. Apesar da lei da gratuidade, dados oficiais do IBGE situavam em 20,3%, em 2002, o percentual de sub--registro,[1] nome técnico para o fenômeno de crianças sem registro de nascimento. São considerados tardios os registros feitos até três anos depois do nascimento da criança.

Foi pelos idos de 2002, como jornalista da *Folha de S.Paulo*, que travei contato pela primeira vez com o tema do sub-registro. Em dezembro daquele ano, fui escalada pela *Folha* para cobrir o lançamento de *Registro civil*, pesquisa anual realizada pelo IBGE, compilando dados de nascimentos, casamentos e óbitos. Propus uma reportagem de fim de ano sobre o tema do sub-registro, publicada em 1º de janeiro de 2003 e intitulada "País forma gerações de sem-documentos" (Escóssia, 2003). Comecei a acompanhar os dados de sub-registro e as políticas públicas voltadas ao problema.

Em 2001, o governo brasileiro criou o Cadastro Único, um banco de dados para listar famílias em situação de pobreza e que deveriam ser alcançadas pelos programas sociais. Para entrar no cadastro, era preciso ter documento — e a orientação da Secretaria de Estado de

---

[1] O sub-registro é definido pelo IBGE (2020) como o conjunto de nascimentos não registrados no ano de ocorrência ou até o fim do primeiro trimestre do ano seguinte, estimado pela diferença entre os nascimentos notificados no sistema hospitalar e os registrados nos cartórios.

Assistência Social (Seas), órgão do governo federal encarregado do cadastro, era que as prefeituras registrassem as famílias sem documento em arquivos à parte, dando orientação sobre como obter a documentação (Escóssia, 2003). A partir disso, foi possível descobrir famílias que, por falta de documentação, não podiam ter acesso a políticas sociais de transferência de renda, como o Bolsa Escola, implementado em 2001 no governo do presidente Fernando Henrique Cardoso (PSDB).

Em 2003, com o governo de Luiz Inácio Lula da Silva (PT), iniciou-se, sob a coordenação da Secretaria de Direitos Humanos da Presidência da República, um movimento de redução do sub-registro, com a criação de comitês no âmbito da União, dos estados e dos municípios para implementar ações efetivas de combate ao problema. Em entrevista à FGV CPDOC,[2] em 27 de março de 2015, o deputado Nilmário Miranda, que assumiu em 2003 a Secretaria de Direitos Humanos da Presidência, reconstituiu o início do combate ao sub-registro. Segundo Miranda, o presidente Lula pediu a cada ministro que escolhesse três ações baratas, mas que trouxessem resultados concretos. Na área de direitos humanos, uma das três prioridades, ao lado do combate ao trabalho escravo e à exploração sexual infantil, foi a redução do sub-registro.

> O Lula falou: "O que é isso?". Eu falei: "Ué! Porque existem milhões de pessoas que não têm a certidão de nascimento". O Lula falou: "Você está brincando! Não existe quem não tem certidão. Quem não tem certidão não existe. Eu não conheço ninguém que não tenha certidão". Eu falei: "Esse que é o problema. E são milhões". Eram milhões, milhões de pessoas, muito mais do que a gente pensava [FGV CPDOC, 2015].

---

[2] Entrevista realizada no âmbito do projeto de pesquisa "Arqueologia da reconciliação: formulação, aplicação e recepção de políticas públicas relativas à violação de direitos humanos durante a ditadura militar", coordenado por Angela Moreira Domingues da Silva e financiado pela Faperj em parceria com a Comissão Estadual da Verdade do Rio de Janeiro.

O governo petista unificou os programas sociais de transferência de renda e, em outubro de 2003, foi criado o Bolsa Família, por medida provisória convertida em lei em janeiro de 2004 (Thomé, 2013). Para entrar no programa, era preciso que todos os membros da família tivessem registro de nascimento e no Cadastro de Pessoas Físicas (CPF) — o que permite refletir sobre o Bolsa Família também como política de acesso à documentação. Em 2007, no segundo governo Lula, a União lançou, por intermédio do Decreto nº 6.289,[3] o Compromisso Nacional pela Erradicação do Sub-registro Civil de Nascimento e Ampliação do Acesso à Documentação Básica, um programa nacional com a participação da União, dos estados e dos municípios, além de órgãos do governo e da Justiça (Brasil, 2007). Esse programa estabeleceu como documentação básica o CPF, a carteira de identidade ou registro geral (RG) e a carteira de trabalho e previdência social (CTPS). O programa nomeava o sub-registro como um problema social brasileiro e traçava estratégias para combatê-lo.

O Censo de 2010 contabilizou cerca de 170 mil crianças com até 10 anos sem registro de nascimento, 0,5% do total dessa faixa etária (IBGE, 2011). Em 2014, foi instituído o Sistema Nacional de Informações de Registro Civil (Sirc), com o objetivo de captar informações de registros de nascimento, casamento e óbito gerados pelos cartórios e armazená-los numa base de dados centralizada, que pudesse subsidiar políticas públicas (Garrido e Leonardos, 2017). Em 2014, o sub-registro de crianças, em queda constante, chegou a 1% e passou a ser considerado erradicado (IBGE, 2015). No ano seguinte, o IBGE ajustou a metodologia de cálculo do indicador, sem possibilidade de comparação com a série histórica anterior. As taxas de sub-registro de crianças se mantiveram em patamares decrescentes: 4,2% em 2015, 3,2% em 2016, 2,6% em 2017 e 2,4% em 2018 (IBGE, 2019). A experiência brasileira é considerada exitosa e consta em relatórios internacionais.

---

[3] O Decreto nº 6.289/2007 foi revogado pelo Decreto nº 10.063/2019, que atualizou as diretrizes do Compromisso Nacional pela Erradicação do Sub-registro e o funcionamento do comitê, com alterações.

Em estudo sobre o tema, Hunter e Sugiyama (2017) analisam o resultado do programa brasileiro de combate ao sub-registro e apontam a implementação de políticas de transferência de renda, entre elas o Bolsa Família e o Benefício de Prestação Continuada (BPC), como fatores decisivos para a redução do problema, pois, para serem atendidas pelas políticas sociais, as famílias precisavam estar com todos os seus membros documentados. O Bolsa Família aparece nas entrevistas realizadas por mim na pesquisa de campo como um dos motivos pelos quais as pessoas querem o registro de nascimento.

Mais difícil, quase impossível, tem sido obter dados estatísticos sobre os adultos sem documentação. O último dado disponível do IBGE sobre isso é o da antiga Pesquisa Nacional por Amostra de Domicílios (Pnad), que contabilizou em 2015 cerca de 3 milhões de brasileiros de variadas idades sem documentos. Em 2020, voltei a consultar a Coordenação de População e Indicadores Sociais do IBGE, que me confirmou a inexistência de estatísticas recentes sobre os brasileiros adultos sem documentação.

Como jornalista, voltei ao assunto do sub-registro e da falta de documentação algumas vezes (Escóssia, 2005, 2014a, 2014b, 2014c). Em 2014, ao fazer uma série de reportagens sobre o assunto para o jornal *O Globo*, conheci o ônibus da Justiça Itinerante na Praça Onze e uma das juízas responsáveis pelo trabalho, que identificarei daqui por diante como dra. Esther. A primeira reportagem da série chamava-se "A fila dos invisíveis", e começo esta introdução com o parágrafo inicial dessa reportagem, descrevendo a fila de pessoas sem documento diante do ônibus do sub-registro na Praça Onze.

No doutorado, retomei a temática das pessoas sem registro de nascimento. Meu desafio epistemológico foi encontrar outra forma de compreender e analisar o tema, transformando a pauta, de problema social, em problema sociológico. Contra a ilusão do saber imediato (Bourdieu, Chamboredon e Passeron, 2002) que a familiaridade com meu objeto me oferecia, busquei o olhar etnográfico. Ferramentas treinadas nos tempos de repórter, como a escuta e a capacidade de observação, me ajudaram nesse exercício.

Dentro do ônibus, um pedaço do país: nota metodológica

O ônibus azul e branco estaciona no pátio da Vara da Infância, da Juventude e do Idoso, no Centro do Rio de Janeiro, por volta das 8h de sexta-feira. No pátio, já estão espalhadas cadeiras, aos poucos ocupadas pelas pessoas que vão chegando. O atendimento do ônibus, iniciado em 2014, resulta da parceria entre dois projetos do TJRJ: a Justiça Itinerante, que visa facilitar o acesso do cidadão fluminense à prestação de serviços judiciários, e o Sepec, criado no bojo da política nacional de redução do sub-registro.

A criação da Justiça Itinerante em todos os estados foi determinada pela Constituição Federal de 1988 no art. 125, § 7º, em emenda incluída em 2004:

> O Tribunal de Justiça instalará a Justiça Itinerante, com a realização de audiências e demais funções da atividade jurisdicional, nos limites territoriais da respectiva jurisdição, servindo-se de equipamentos públicos e comunitários.

No Rio de Janeiro, a Justiça Itinerante começou a funcionar em 2004 (Gaulia, 2018), levando serviços judiciais a áreas pobres ou distantes por intermédio de ônibus que percorriam as comunidades. Segundo Gaulia (2014), em 2014 a Justiça enviava seus ônibus para 19 localidades do Rio de Janeiro. Em 2018, de acordo com a assessoria de comunicação do TJRJ, o projeto atuava em 24 localidades. De 2004 a janeiro de 2018, realizou um total de 1.029.921 atendimentos.

O ônibus da Praça Onze, cujo trabalho começou em 2014, é especializado em registros tardios e atende apenas pessoas que buscam a certidão de nascimento. Funciona sempre às sextas-feiras. A cada sexta, Lúcia, comissária de justiça, cuida da triagem: escreve manualmente, por ordem de chegada, os nomes das pessoas que procuram atendimento. Pergunta o que as leva até ali, e a resposta tem poucas variações:

todos buscam para si ou parentes próximos o registro de nascimento. Como o ônibus da Praça Onze realiza atendimento apenas para a emissão do registro de nascimento, quem quer outro documento, como carteira de trabalho ou CPF, é encaminhado a outro endereço. Toda sexta-feira o ônibus realiza pelo menos 50 atendimentos.

Na triagem começa mais uma sexta-feira das 40 que acompanhei ao longo do trabalho de campo, durante o qual tive acesso amplo e irrestrito ao funcionamento do ônibus. Fiz a opção metodológica pela etnografia, com observação participante, por entender que tal metodologia permite reconstruir as experiências daqueles usuários em sua vida indocumentada, bem como compreender as dinâmicas de atendimento do ônibus. Becker (1997:75) destaca que a observação participante tem o mérito de abordar as pessoas "enredadas em relações sociais que são importantes para elas", e são justamente essas relações que ao cientista social interessa conhecer.

Durante o trabalho de campo, entrevistei beneficiários, juízes, promotores, defensores, funcionários. Observei e perguntei. Mas também entreguei documentos, carreguei processos, tirei cópias, dei informações, preenchi formulários, ofereci biscoito e água a crianças, dei recados... Houve o dia em que ajudei uma mulher semianalfabeta, mãe de quatro filhos, a escrever quatro vezes o próprio nome para solicitar o registro de nascimento dela e das crianças, copiando cada letra. Imagino que meu trabalho de campo tenha sido muito mais fácil graças ao aval de dra. Esther, pois sua indicação me facilitou contatos com todos os outros funcionários. Clara, coordenadora geral do atendimento no ônibus, se tornou uma de minhas principais interlocutoras. Graças a essa funcionária, trajetórias, documentos, audiências e processos se abriram para mim.

Acompanhei na totalidade o processo de atendimento no ônibus, que inclui: triagem, entrevistas dos usuários realizadas pelos funcionários do ônibus, audiências com os juízes e recebimento, no cartório da Vara da Infância, da Juventude e do Idoso, da certidão de nascimento. Havia muitas conversas informais e observação de minha parte.

Ao observar a triagem, eu selecionava pessoas com as quais gostaria de conversar, me apresentava e iniciava uma entrevista. A cada uma delas, pedia que contasse o que buscava, como havia chegado até ali e por que buscava o documento, além de informações sobre idade, renda, escolaridade e ausência de documentação na família. Umas falavam mais, outras menos, mas ninguém se recusou a falar. Gravei algumas entrevistas, mas percebi que as pessoas ficavam um tanto intimidadas; então optei por anotar tudo em cadernos. Outro elemento que dificultava as entrevistas gravadas era o alto grau de ruído ambiente, que prejudicava muito a qualidade do áudio.

Selecionei algumas histórias de vida que me serviriam como fios condutores na pesquisa. Apesar de não ser método exclusivo da antropologia, diz Langness (1973), a história de vida oferece, entre suas vantagens, a possibilidade de compreender, em dados biográficos de um indivíduo, as relações entre os membros de um grupo social, e sua força como método cresce a partir dos anos 1920, junto com o maior interesse pelo estudo de valores, pelo estudo da mudança cultural e pelo crescimento do movimento científico do comportamento.

A literatura disponível sobre histórias de vida permite problematizar o conceito, e é válido lembrar que o antropólogo Franz Boas (1943) questionava o valor desse método. Para Boas, descrições específicas de alguns poucos informantes poderiam representar apenas parcialmente o grupo em análise, e a história de vida, embora seja útil ao permitir analisar como comportamentos individuais se relacionam a mudanças políticas, religiosas ou econômicas, pode levar ao erro de fazer generalizações baseadas em declarações de um interlocutor. Boas, como Bourdieu (2011) faria mais tarde, alerta para as peças que a memória prega e aponta riscos em aceitar autobiografias como dados factuais confiáveis.

No entanto, mesmo seguidores fiéis de Boas defendem histórias de vida como metodologia por entenderem que o valor delas era justamente, a partir de experiências de integrantes de determinada cultura, mostrar o efeito dessa cultura em suas vidas. Mintz (1984), em estudo sobre trabalhadores de canaviais porto-riquenhos, utiliza uma história de vida para compreender uma situação coletiva. E conclui que não foi ele quem escolheu seu informante (Taso), mas o contrário. Assim, mesclei a observação participante com o recurso a histórias de vida. Os critérios usados para selecionar as histórias foram: disponibilidade do interlocutor para falar, clareza das informações e diálogo da história de vida com categorias trabalhadas.

Para facilitar a compreensão do leitor, esclareço que o ônibus, por dentro, é dividido em pequenos espaços. Permanecem na dianteira o banco do motorista e mais quatro poltronas originais, duas de cada lado. Dali para trás, o espaço é todo dividido. No primeiro ambiente, há computadores, a impressora e uma mesinha com computador ocupada pela escrivã do cartório da Justiça Itinerante. Os computadores são interligados ao sistema do Tribunal de Justiça, ao banco de dados do Sepec e à base de dados do Departamento de Trânsito (Detran-RJ). Esse sistema permite que os técnicos busquem informações para saber se a pessoa que solicita o documento tem antecedentes criminais — trabalho que não costuma ser feito diante do interessado.

O segundo ambiente abriga duas minissalas de audiência, com mesinhas e cadeiras, e em cada uma ficam um juiz e as pessoas que são atendidas. O terceiro ambiente é uma sala de audiência um pouco maior, com uma mesa maior e mais bancos. Lá fica o terceiro juiz, comandando mais uma audiência. Um promotor e um defensor público revezam-se entre as três salas para que, em cada caso, haja sempre o posicionamento da Defensoria Pública, do Ministério Público e do juiz. No final do ônibus há uma minicopa, com pia, frigobar e banheiro. Muitas vezes, ouvi dos usuários que não se sentiam bem em ir ao Tribunal de Justiça ou aos cartórios. Prefeririam ser atendidos no ônibus — "uma coisa assim do nosso meio", como me disse um deles. O ônibus era visto — assim me foi relatado — como um lugar de acesso e acolhida.

Sobre o livro

O primeiro capítulo do livro reconstitui as trajetórias das pessoas que buscam atendimento no ônibus, mostrando quem são, como se veem, que estratégias utilizaram para viver sem documentos e por que resolveram solicitar o registro de nascimento. O foco é mostrar como, na ausência de documentação, esse indivíduo relata ter sobre si o conceito de uma não pessoa, uma pessoa que não existe; ao mesmo tempo, surge sua ideia de Estado — um ente capaz de, pela documentação, transformá-lo em alguém. Por fim, o capítulo problematiza a forma como a ausência de documentação é associada pela pessoa indocumentada a uma dimensão moral, uma vergonha, algo que ela fez de errado.

O segundo capítulo retrata e analisa a *síndrome do balcão*, expressão cunhada por uma assistente social que atua na redução do sub-registro no município de São João de Meriti, na Baixada Fluminense, para mostrar como o cidadão é sempre encaminhado pelo edifício burocrático a outro lugar, outro balcão. Examina o conceito de burocracia, em diálogo com Weber (1982), e apresenta o ônibus como um *checkpoint*, lugar a partir do qual a existência daquele indivíduo sem documentação ganha legibilidade diante do Estado.

O terceiro capítulo se debruça sobre um momento específico: a audiência entre a pessoa sem documentos e agentes do Estado, personificados na figura do juiz ou da juíza que comanda a audiência. Em diálogo com a antropologia do direito, mostra como alguém indocumentado tenta provar que de fato é quem diz ser e como o aparato do Estado-sistema é mobilizado nesse processo. Problematiza também o papel da Justiça no acesso a direitos e a interpretação do direito, a partir dos relatos de juízes.

O quarto e último capítulo conceitua a obtenção do registro de nascimento como um rito de instituição, na acepção de Bourdieu (1996); reconstitui cenas em que os usuários recebem seus documentos e problematiza o significado por eles atribuído ao momento e ao documento em si. Muitas dessas pessoas, ao receberem o registro de nascimento, expressam sobre ele a expectativa de uma redenção e de resolução de todos os seus problemas. Ao longo da pesquisa, voltei a procurar pessoas que haviam obtido a certidão de nascimento no ônibus e analisei de que forma o documento teve impacto em suas vidas e na concepção delas sobre si mesmas.

Acompanhei o trabalho do ônibus de 2 de setembro de 2016 a 15 de dezembro de 2017. Fui outras vezes ao longo de 2018, e até 24 de janeiro de 2019 segui realizando entrevistas presenciais ou por telefone com pessoas cujas trajetórias são abordadas no texto. Localizei novamente, nesse período, alguns dos entrevistados — e consegui, em alguns casos, saber o que havia acontecido com eles depois da obtenção do documento. Entrevistei cerca de 80 pessoas, entre usuários do ônibus, funcionários da Justiça Itinerante, juízes, defensores e promotores. Gravei cerca de 12 entrevistas, fiz mais de 250 fotos e cerca de 30 vídeos durante a pesquisa etnográfica. Ao longo da pesquisa, fiz leituras sobre "etnografia multissituada" (Marcus, 1995), o que me impeliu a sair dos limites do ônibus. Acompanhei o trabalho na sede do Sepec, no prédio do Tribunal de Justiça e uma audiência realizada por uma juíza para que um rapaz de 21 anos, preso, obtivesse a certidão de nascimento. A audiência foi realizada por videoconferência. O preso estava em Bangu 4; no tribunal estavam a juíza, uma promotora, uma defensora pública, a mãe, avó e o padrasto do rapaz preso. E eu.

Todo o material coletado no trabalho de observação está anotado em cadernos de campo. As entrevistas gravadas foram transcritas. Criei também uma tabela resumindo as entrevistas. Ao longo do texto, marquei em itálico expressões criadas pelos meus interlocutores e que se constituíram em categorias nativas (Geertz, 1997), como *síndrome do balcão*, *tutor social* e *ônibus do sub-registro*. As falas dos interlocutores estão destacadas em recuos. Por decisão metodológica e para proteger meus interlocutores de qualquer tipo de retaliação, as identidades de todas as pessoas que trabalham no atendimento do ônibus da Justiça Itinerante da Praça Onze foram preservadas. Quanto às pessoas que buscavam atendimento no ônibus, depois de consultar se estavam de acordo, optei por identificá-las pelo prenome e justifico a decisão: achei injusto chamar de forma diferente quem demorou tanto tempo para obter um documento com o próprio nome.

Ônibus do sub-registro estacionado no pátio da Vara da Infância, da Juventude e do Idoso, na Praça Onze, Centro do Rio. Foto: Fernanda da Escóssia.

1. "Sou uma pessoa que não existe"

Três gerações sem documentos

O primeiro caso daquela sexta-feira, 21 de outubro de 2016, é uma audiência de uma família de mulheres negras na qual três gerações estão sem registro de nascimento: Cristiane, 36 anos, sua filha Krícia, de 19 anos, e sua neta Mayra, de 2 anos, filha da jovem. A família mora em Belford Roxo e chegara ao ônibus encaminhada pela Fundação de Desenvolvimento Social de Belford Roxo (Funbel). Cristiane conta que precisa se registrar para registrar a filha, para que ela possa depois registrar a neta. "Por quê?", insisto. "Quero pedir o Bolsa Família para a menina, minha neta. Nunca liguei para documentos, mas agora é urgente", resume Cristiane. Caçula de uma prole de 17 filhos, ela conta que não conheceu o pai e que sua mãe, sem condição de criar os filhos, os distribuiu entre parentes. Cristiane foi "dada" para viver com uma tia no interior do Rio. Nunca foi registrada, mas seus irmãos, sim. Quando voltou a morar com a mãe, já na adolescência, as duas foram ao cartório, que não aceitou registrar a adolescente. "Aí eu deixei para lá", diz.

Conta que certa vez, ao ver uma irmã com o registro, perguntou à mãe por que não tinha o documento.

> Ela não soube me dizer. Fiquei chateada, mas acho que era muito filho... Ela não teve responsabilidade. Fiquei triste por saber que só eu não era registrada, me senti diferente dos meus irmãos. Quando ela morreu, vi que a certidão dela também não tem nome. Quer dizer que ela também não tinha documento, né? Acho que o meu pai registrou os filhos mais velhos, mas eu não [Cristiane, 36 anos].

Cristiane concluiu o ensino fundamental e começou a trabalhar como doméstica em casas de família para ajudar sua mãe, que também era doméstica. Com as indicações da mãe, nunca faltou serviço, conta, mas nunca apareceu um patrão que a ajudasse a tirar a documentação. Quando a conheci, Cristiane trabalhava como cuidadora de idosos e ganhava R$ 1.800 mensais, sem carteira assinada. A falta de registro de nascimento era empecilho para a obtenção de qualquer outro documento, como CPF, título de eleitor ou carteira de identidade. Nunca havia votado. Pagava R$ 450 de aluguel. Tinha trabalho e renda fixos, raros entre os usuários do serviço do ônibus. Viveu com um companheiro, pai de Krícia, que compareceu à primeira audiência no ônibus, meses antes, e manifestou a vontade de que seu nome constasse nas certidões de nascimento da filha e da neta.

Krícia não trabalhava fora e dedicava-se a cuidar da filha e da casa. Observo, na audiência, que seu braço direito está queimado. Depois, enquanto a família aguardava o documento, pergunto o que aconteceu. "Foi o pai dela", diz Krícia, apontando para Mayra, "que me queimou com a prancha de alisar o cabelo." Ela conta que conheceu o rapaz num baile há uns dois anos e logo foram morar juntos. A jovem engravidou e teve um menino, Enzo, que morreu uma hora depois de nascido. Pergunto qual a causa da morte.

> Não sei muito bem, não, coisa de criança. Acho que a gravidez foi ruim porque o pai dele me batia todo dia. Foram muitas vezes, nem me lembro quantas. Ele me chutava na barriga, batia na minha mãe também. Ele era envolvido. Roubava carro, moto, entrou no tráfico. Foi preso uma vez. A gente se separou, mas voltou e eu engravidei de novo. Antes de ela nascer, ele me mandou embora, e voltei pra casa da minha mãe [Krícia, 19 anos].

Krícia segue contando:

> Um dia, ele me viu na rua de cabelo arrumado e foi lá em casa dizer que não era para eu alisar o cabelo. Ele pegou a prancha e me queimou. Aí falei

pra mim mesma que não queria mais, botei na cabeça que não queria. Ele me agrediu de novo, dei queixa, mas não deu em nada... [Krícia, 19 anos].

Pergunto sobre a falta de documentos, e Krícia diz que o pior foi não ter podido estudar, porque a escola, depois das séries iniciais, exigia alguma documentação dela ou da mãe.

Eu já tive oportunidade de trabalho e perdi porque não tinha documento. Se eu tivesse documento, eu queria ser arquiteta, ou ser médica da Marinha, ou fazer enfermagem... Mas ainda não desisti de tudo, ainda tenho meus direitos [Krícia, 19 anos].

A história de vida de Cristiane, ao lado da filha Krícia, permite refletir sobre duas categorias fundamentais nesta pesquisa: direitos e cidadania. Tomemos inicialmente a afirmação de Cristiane, presente de modo frequente, mas com o mesmo tom vago, em várias entrevistas: "Também quero meus direitos". Para cobrar seus direitos — explicitando o entendimento de que, portanto, se entende como sujeito de direitos —, Cristiane, assim como muitos outros usuários do ônibus, reconstrói em seu relato sua trajetória e se apresenta inicialmente como alguém destituído de direitos.

Tema de convenções mundiais, tratados internacionais e compêndios, direitos são uma categoria amplamente tratada nas ciências sociais e jurídicas, dentro de variados matizes teóricos e metodológicos. O diálogo desta pesquisa com o tema dos direitos, no entanto, não se dará a partir da definição legal, jurídica, histórica ou filosófica do conceito; construo esse diálogo a partir de outra clave, que privilegia os direitos como experiências e vivências, evidenciando, assim, a dimensão simbólica e discursiva dos direitos, no plural. Autores como Schritzmeyer (2012), Vianna (2013), Souza Lima (2012, 2013), Ferreira (2013) e Fonseca (2003) usaram a perspectiva antropológica na observação etnográfica de experiências e vivências daqueles que buscam direitos em instâncias do Estado. Não se trata, como bem alerta

Vianna (2013:16), de menosprezar o arcabouço legal, mas de "tomá-lo em diálogo com usos, contradições e conflitos movimentados com base na própria ideia de que há algo que sejam 'os direitos'". Souza Lima (2013:12) destaca a forma como os direitos unem esferas sociais:

> Os *direitos* surgem como categoria associada ao que chamarei de comunicação entre esferas sociais, esferas estas que tradicionalmente surgem separadas. Assim, emoções, sentimentos e afetos circulam e entrelaçam-se em instituições como a Polícia, o Legislativo ou instâncias do Judiciário, em suma com o que também os atores sociais concretos chamam de Estado, aqui não apenas tomado enquanto conceito científico, mas também categoria dos pesquisados falados e articulados via luta pelos *direitos* [grifos no original].

Desse modo, o diálogo com a antropologia do direito ajuda a enfatizar a escolha analítica para esta pesquisa: a compreensão de como e por que a documentação se insere no campo dos direitos, investigando qual o impacto da ausência da documentação sobre o exercício desses mesmos direitos. Fundamental para essa abordagem é o enfoque proposto por Vianna (2013:15) ao afirmar que seu objetivo é tratar tanto a "dimensão de ação social dos direitos" — as normativas legais, as tradições e a construção de sujeitos legais — quanto a dimensão processual e dinâmica desses direitos. Na introdução de um volume sobre experiências etnográficas no mundo da administração pública, Vianna (2013) afirma que, mais do que definir o conceito jurídico de direitos, a proposta é tomar o conceito em diálogo com usos, contradições e conflitos presentes no exercício cotidiano desses direitos. A legislação, os aparatos judiciais e burocráticos, as instituições, todos esses domínios são propícios à realização de estudos etnográficos interessados em abordar dissidências, contradições, silêncios, estratégias acionadas de modo pessoal ou coletivo em face da letra da lei, seja o balcão da delegacia ou do ônibus da Justiça Itinerante.

Atravessando e transitando entre domínios que podem ser classificados pelos próprios atores como "políticos", "judiciais", "administrativos" ou de "políticas públicas", a linguagem dos direitos reafirma dissensões morais, oferecendo espaço para que sejam tecidas contranarrativas e para que novos sujeitos se façam presentes em cenas públicas [Vianna, 2013:16].

Freire (2015), em análise sobre pedidos de alteração de nomes de pessoas transexuais feitos na Defensoria Pública, problematiza o modo pelo qual essas pessoas são construídas como "sujeitos de direitos" e como seus pedidos são avaliados pelos funcionários do serviço. O objetivo, ao final, é decidir quem, entre aqueles usuários, é de fato legítimo para se apresentar como "sujeito de direitos", a partir de critérios como idoneidade e sofrimento. Freire conclui que o processo de requalificação civil implica a fabricação de uma figura que é uma espécie de vítima incontestável, cujo sofrimento comprovado a torna "merecedora" do "direito" de mudança de nome. Sua análise mostra como essa figura é fabricada discursivamente pelos usuários, com relatos de vitimização e necessidade, e ratificada pelos funcionários de acordo com critérios de enquadramento que criam, por exemplo, a produção discursiva sobre o verdadeiro transexual (merecedor do benefício) ou o falso transexual (que não alcançará a mudança de nome como prêmio almejado). Assim, o autor mostra como os usuários são simbolicamente construídos como pessoas que tiveram "sofrimentos que importam" e por isso podem ser "classificados" como dignos de dar entrada na solicitação de mudança. Ao mesmo tempo, alerta, outro grupo de usuários não é considerado legítimo para fazer o pleito, evidenciando uma questão: o estabelecimento de uma categoria de pessoas consideradas sujeitos de direitos implica, por um critério ou outro, a exclusão de outras pessoas que não se encaixam naquele critério.

Do estudo de Freire (2015), interessa-nos a reflexão sobre quem tem mais ou menos direitos, em estreita relação com a reflexão proposta por Schritzmeyer (2012:262), quando essa autora alerta que é preciso estranhar "o aparente consenso que ronda os termos direito, direitos e Justiça". Mesmo no interior de "sociedades com Estado", afirma, convivem vários "sistemas de obrigações" que resultam em conjuntos de normas sociais sobrepostas, competitivas ou desarticuladas (Schritzmeyer, 2012:263). O consenso sobre os direitos não é previamente dado, é disputado e negociado — mesmo quando se fala de um direito garantido pela legislação nacional e internacional, além dos tratados internacionais sobre o tema dos quais o Brasil é signatário. Szreter (2007:67) sustenta que a identificação em si deve mesmo ser entendida como um direito humano, o "direito de ter a identidade legal e suas relações com outras pessoas publicamente reconhecidas, seguramente registradas e acessíveis para seu uso pessoal".

O Pacto Internacional sobre Direitos Civis e Políticos, adotado pela XXI Sessão da Assembleia Geral das Nações Unidas em 16 de dezembro de 1966, estabelece, em seu art. 24, § 2º: "Toda criança deverá ser registrada imediatamente após seu nascimento e deverá receber um nome". Em 1969, a Convenção Americana sobre Direitos Humanos, conhecida como Pacto de São José da Costa Rica, também tratou do direito ao registro, explicitando o direito ao prenome e aos nomes dos pais no documento, mediante nomes fictícios, se necessário.[4] No Brasil, só com o fim da ditadura militar e após a promulgação da Constituição de 1988 foi aprovado o Pacto sobre Direitos Civis e Políticos, por meio do Decreto Legislativo nº 226, de 12 de dezembro de 1991. Em 1992, o Brasil aderiu ao Pacto de São José. A Constituição Federal brasileira e o Código Civil também tratam do nome como um direito e do registro civil como expressão desse direito.

---

[4] Em seu art. 18, a Convenção da Costa Rica trata do direito ao nome: "Toda pessoa tem direito a um prenome e aos nomes de seus pais ou ao de um destes. A lei deve regular a forma de assegurar a todos esse direito, mediante nomes fictícios, se for necessário" (Brasil, 1992).

"Quem sou quando não tenho documentos?"

Sem consensos prévios, situo assim a reflexão sobre a busca pelo registro de nascimento no debate mais amplo sobre acesso a direitos e justiça no Brasil (Falcão, 1983; Grynszpan, 1999), problematizando a forma como essas pessoas sem documentação se inserem na sociedade documentada e como se apresentam, no ônibus da Justiça Itinerante, como merecedoras do direito de possuir o documento. A história de vida de Cristiane, relatada no início deste capítulo, serve como fio condutor para uma primeira discussão sobre como os usuários do ônibus se apresentam. Pacheco (2017:214), em artigo sobre a criação do Serviço de Promoção à Erradicação do Sub-registro de Nascimento e à Busca de Certidões (Sepec), afirma que pessoas sem registro de nascimento são "geralmente desfavorecidas economicamente, com baixa escolaridade e que, em consequência, apresentam dificuldades de se expressar diante de autoridades ou órgãos públicos".

Percebi que a maioria das pessoas poderia ser identificada como preta ou parda. Não fiz a elas essa pergunta sobre como se identificariam quanto a cor ou raça, o que me impede de ter, pelo critério da autodeclaração, um número exato sobre quantas das mais de 80 pessoas que entrevistei eram negras. Como atesta Pacheco (2017), pude perceber a pobreza ou a extrema pobreza como um traço comum da quase totalidade das pessoas que chegam ao ônibus, e dados mostram que no Brasil a pobreza também está associada à questão racial. A Pnad Contínua de 2017 indica que a renda média do resultante de todos os trabalhos, entre os brasileiros brancos, era R$ 2.814; entre os que se identificavam como pardos, R$ 1.606; entre os que se identificavam como pretos, R$ 1.570. Os números do IBGE (2018) mostram ainda que, apesar de pretos e pardos representarem 54% da população, entre os mais pobres eles eram 75%. Na fila do ônibus, era significativa também a presença de mulheres, e essa presença é explícita nesta pesquisa: são elas que aparecem majoritariamente buscando documentos para si ou para pessoas próximas. A observação do campo do sub-registro, assim, apresenta uma interface com categorias como gênero e raça.

O primeiro ponto para o qual chamo a atenção é que a história de vida de Cristiane e Krícia pode ser entendida como uma contínua negação de direitos vivida por pessoas quase sempre pobres ou muito pobres, quase sempre pretas ou pardas. A falta de registro de nascimento alonga o caminho para obter outros direitos — outros documentos, escola, atendimento médico. Ao dizer que busca seus direitos, Cristiane relata sua experiência de vida repetidamente desconstituída não só de direitos, mas do direito a ter direitos. Sem registro de nascimento, outros direitos lhe foram negados, como emprego formal e voto. E é assim que Cristiane fala de si, como alguém que, por não ter o registro de nascimento, acabou sendo impedido de usufruir outros direitos. Esse relato se repete em numerosos interlocutores, como mostram os extratos abaixo, todos retirados de entrevistas feitas por mim com pessoas atendidas no ônibus:

> A pessoa quando não se registra fica como um ninguém, a pessoa não existe [Carlos, 22 anos].

> Eu me sinto como um nada, a gente não existe [Fátima, 57 anos].

> Eu me sinto um cachorro. Sou uma pessoa que não existe [Maria da Conceição, 52 anos].

> Sou um zero à esquerda [Reginaldo, 63 anos].

Um relato específico, o de Elisabeth, uma jovem de 22 anos, grávida do quarto filho, evidenciou o racismo, implícito e explícito, presente na sociedade brasileira:

> Minha mãe não quis me registrar porque disse que eu era muito preta, nem parecia filha dela. Disse que eu nem parecia da família [Elisabeth, 22 anos].

Entrevistei Elisabeth em 31 de março de 2017, enquanto ela aguardava atendimento no ônibus. Nem ela nem as crianças — Miguel Lucas, de 4 anos, Mirela Vitória, de 2, e Mikaelly, de 1 — tinham certidão de nascimento. O pai das crianças, marido de Elisabeth, estava preso no Complexo de Água Santa, suspeito de ligação com o tráfico de drogas. A jovem foi até o ônibus levada por uma amiga, Luana, que soube do serviço. Sua história faz transparecer o abandono contínuo, o racismo, a negação de direitos. O pai abandonou a família. Sua mãe também a maltratava, segundo ela, e batia sua cabeça na parede. Elisabeth saiu de casa aos 17 anos e, aos 18, conheceu o rapaz que se tornou seu marido e pai de seus filhos. Elisabeth queria tirar o documento para visitar o companheiro na prisão e também para melhorar a condição de vida dela e das crianças, matriculá-las na escola e entrar em algum projeto social. No fundo, queria que sua história não se repetisse: "Não quero deixar meus filhos do jeito que minha mãe me deixou, uma pessoa que não é nada".

Ao longo do discurso desses entrevistados, fica clara a forma como eles se definem: "zero à esquerda", "cachorro", "um nada", "pessoa que não existe", entre outras, são expressões que conformam claramente a ideia que a pessoa sem registro de nascimento faz sobre si como alguém sem valor, cuja existência nunca foi oficialmente reconhecida pelo Estado — e que, portanto, até aquela altura da vida não se constituiu em sujeito de direitos. Ao verbalizar o fato de "não ser ninguém", ou não existir, embora naturalmente seja alguém, a pessoa sem documentos explicita o modo como se vê diante do Estado. No entanto, diferentemente do que foi observado no estudo de Freire (2015) — que aponta claramente estratégias de "merecimento" das pessoas transexuais que conseguirão, a partir dali, alterar o nome na identidade —, no caso das pessoas sem documento não pude visualizar que essas estratégias de "construção de merecimento" tenham sido estimuladas pelos funcionários encarregados do atendimento no ônibus. Como o registro de nascimento é um direito garantido em lei, minha observação indica, novamente, o ônibus como um local de acolhida: entende-se que o indivíduo tem esse direito (embora ele lhe tenha sido negado ou dificultado durante anos), e a questão é como garantir o acesso a ele. Ninguém precisa expor sofrimento para merecer o documento. Mesmo assim, as pessoas que chegam ao ônibus têm a impressão de que precisam se mostrar "mais merecedoras", detalhando suas trajetórias nas quais direitos foram continuamente negados.

Peirano define o documento como algo que identifica o indivíduo para fins de cessão de direitos e cobrança de deveres, ao mesmo tempo que analisa o preço da ausência de documentação: a negação da existência daquele indivíduo como cidadão.

> O documento, assim, legaliza e oficializa o cidadão e o torna visível, passível de controle e legítimo para o Estado; o documento faz o cidadão em termos performativos e obrigatórios. Essa obrigatoriedade legal de possuir documentos naturalmente tem seu lado inverso: o de remover, despossuir, negar e esvaziar o reconhecimento social do indivíduo que não possui o documento exigido em determinados contextos [Peirano, 2006:26-27].

Em diálogo com a análise de Peirano, é possível problematizar a compreensão dos usuários do ônibus sobre o papel da documentação. A história de vida de Cristiane explicita como ela, para se reivindicar como sujeito de direitos ("eu também tenho direitos"), primeiro se desconstrói como sujeito ao dizer que não é ninguém — assim como outros usuários se apresentaram como "um nada", um cachorro ou uma pessoa que não existe. Sem documento, o indivíduo esvazia o reconhecimento de si como merecedor de direitos para, em seguida, voltar a pleiteá-los a partir da obtenção do registro civil.

A vergonha de Rita: problema de quem?

Rita é uma mulher negra de 32 anos e mãe de quatro filhos, de 8, 10, 15 e 20 anos. Auxiliar de cozinha numa pizzaria e diarista, moradora de Madureira, bairro da zona norte do Rio, relatou que respondia sozinha pelo sustento da casa, pois havia alguns anos não vivia mais com o antigo companheiro. Disse que recebia na pizzaria cerca de R$ 900 mensais, mais as diárias de faxina, a R$ 150 cada. Esse trabalho era todo realizado na informalidade, já que Rita, sem registro, não possuía carteira de trabalho ou outro documento. A renda era completada com "bicos" feitos pelos dois filhos mais velhos, Rodrigo e William. Nem Rita nem os filhos têm documentos, e por isso ela procurou o ônibus da Justiça Itinerante, encaminhada pelo padre de sua comunidade. Agora Rita trouxe a irmã, a também diarista Claudete, de 42 anos. As duas irmãs me relataram a mesma história: a mãe delas teve 11 filhos, mas nenhum chegou a ser registrado.

Enquanto espera, Rita vai reconstituindo sua trajetória e me dando entrevista, sentada em uma das cadeiras dispostas no pátio da Vara da Infância, da Juventude e do Idoso. Conta que nunca teve documentos nem foi à escola ou votou. Segundo ela, a busca pelos documentos começou por volta dos 14 anos, quando foi com a mãe ao cartório da região onde a família vivia para tentar tirar o registro, mas a tentativa acabou esbarrando nas dificuldades que a lei prevê para registrar alguém com mais de 12 anos de idade. Aquela era sua segunda ida ao ônibus: na primeira, cerca de dois meses antes, passou pela triagem, foi entrevistada pela assistente social e teve a primeira audiência judicial. Após as buscas em cartórios e no sistema do Departamento de Trânsito (Detran-RJ), a equipe do Sepec concluiu que ela nunca fora registrada e convocou-a para a audiência final, que aconteceu no dia em que ela me concedeu entrevista.

Quando pergunto a Rita como é viver sem documentos, ela responde: "A pessoa não é nada na vida, é um palito de fósforo que você amassa e joga fora, um papel em branco. Sem documento, a gente não é nada". Observa-se aqui a ideia do documento como peça fundamental para a constituição da identidade, num movimento que articula os planos individual e coletivo e que, como alertam Caplan e Torpey (2001:3), expressa relações e tensões: "A identificação como indivíduo quase não é pensável sem categorias da identidade coletiva, e isolar uma metade desse par pode desse modo parecer artificial".

Rita é muito falante, muito risonha, concorda em gravar a entrevista. Pergunto por que ela quer os documentos: "Vou tirar meus documentos tudinho, estudar, tirar meus documentos, abrir conta pra minha filha. Estudar. Ser alguém na vida, né?". Conta que nunca foi à escola, porque pediam o documento e ela não tinha. Sabe ler e escrever "só mais ou menos", porque uma patroa lhe ensinou. Pergunto se ela sabe quem é o presidente; ela não sabe. Ou o governador. "Não é o Lula? O Sérgio Cabral? Não sei. Ah, é Dilma." Uma palavra começa a se repetir na sua entrevista: vergonha. "Eu tenho até vergonha de falar que não tenho documentos. Eu achava vergonha. Pra mim, é uma vergonha, né não?" "Por quê?", pergunto.

> Pra mim, é. Eu tenho vergonha. Não é para ter vergonha? Eu acho uma vergonha não ter documento. Trabalha num lugar, pede documento, não tenho. Pedem muito. No hospital. Fui tirar um telefone, pedem documento, não tenho. Quero abrir uma conta para os meus filhos, não tenho. [Quero pedir] Bolsa Família, não tenho documento. Pra mim, é vergonha [Rita, 32 anos].

Rita me diz que tem namorado há dois anos e quatro meses, mas ele não sabe que ela não tem documentos.

> Não falei nada pra ele. Vou falar para quê? Isso não é vergonha? É vergonha. Estou há dois anos e quatro meses com ele, mas nunca falei que não tenho documento, não. Só vou falar quando estiver com meus documentos na minha mão. Eu sinto vergonha. E muita. É bonito [ter o documento].

Você vai no mercado, faz compra, mostra o documento. Vai numa loja, mostra o documento. Agora, você chegar numa loja, tem documento? Cadê a identidade? Não tenho. Pra mim, é vergonha [Rita, 32 anos].

As ciências sociais têm examinado o tema da documentação como elemento constitutivo da formação dos Estados nacionais (Bourdieu, 2011), como forma de controle do cidadão (Foucault, 2015) e como chave de acesso a benefícios e direitos (Peirano, 2006; DaMatta, 2002; Carrara, 1984; Santos, 1979). Carrara (1984) relata como, após a instituição do registro civil, o Brasil adotou, no começo do século XX, a identificação civil pelo novo método de digitais do servo-argentino Juan Vucetich. A identificação civil traz à tona o debate sobre a possibilidade de que o Estado tenha controle das características de todos os cidadãos. O tema da vigilância social aparece claramente, e o invento de Vucetich é a chave para controlar não só os delinquentes, os temíveis, como os chamou Afrânio Peixoto, mas o conjunto da sociedade.

Se o documento identifica e controla, sua ausência é também um sinal a ser notado. Ferreira (2009), em pesquisa sobre indivíduos enterrados sem identificação no Rio de Janeiro, aprofunda-se no estudo da ausência de documentação como marca do "elemento desconhecido" e, por conseguinte, imediatamente suspeito do ponto de vista de perspectivas médico-legais. No caso dos cadáveres não identificados analisados pela autora, também a eles é aplicado o método datiloscópico de identificação criminal, supostamente garantindo à sociedade uma espécie de proteção diante da ameaça do homem desconhecido:

Nesta sociedade eminentemente criminosa, o *homem desconhecido* seria suspeito, embora não se definisse exatamente do que, pelo simples fato de ser *desconhecido*, isto é, por não ser *identificado* nos termos específicos estabelecidos pelos documentos. Ser propriamente *identificado*, dando-se a conhecer nestes termos, por outro lado, por si só reconfiguraria esta suspeita [Ferreira, 2009:38, grifos no original].

Pude observar, durante a pesquisa de campo, que a ausência de documentação é reiteradamente associada pelas pessoas que buscam atendimento no ônibus a duas dimensões contíguas: como "uma vergonha" ou como "algo suspeito", e ambas apontam para uma característica que deve ser escondida. A entrevista de Rita é explícita sobre isso: não ter documentos é ser imediatamente associado a algo que, supostamente, o indivíduo fez de errado. Outros usuários me relataram esse mesmo sentimento pelo fato de não terem documentos, e destaco aqui alguns desses relatos:

> É muito ruim não ter nada. Já fui pra delegacia porque não tenho documento. Dá até vergonha [Davi, 22 anos].

> Quando a gente chega no posto de saúde, tem de mentir que esqueceu os documentos. Acham logo que a gente fez alguma coisa ruim. É uma vergonha, né? [Marta, 17 anos].

> É horrível, você quer ir para um lugar e não pode. Tenho vergonha. Às vezes me perguntam por que eu não fiz o serviço militar, como se fosse culpa minha [Dani, 25 anos].

> É muito ruim, a gente não consegue trabalho. Acham logo que a gente fez algo de errado. Tenho muita vergonha de não ter documento [Rayane, 23 anos].

> É muito ruim, tenho vergonha. Meu pai só fez merda na vida [Raquel, 18 anos].

As percepções relatadas pelos usuários conduzem exatamente à análise de Ferreira (2009) — a associação da ausência do documento ao elemento suspeito, associação que se transforma em ação concreta na situação relatada por Davi: ser conduzido para uma delegacia por não ter documentos, prática comum ainda hoje. Do mesmo modo, assim como não ter o registro de nascimento impossibilita que o indivíduo exerça outras atividades — como votar ou, para os homens, prestar serviço militar —, algumas pessoas que conheci no ônibus também relataram que já foram cobradas por terceiros, em instâncias variadas, por não terem os documentos. Não ter documentos aparece nos relatos como um "problema pessoal", um assunto que o indivíduo não resolveu apenas e tão somente porque não quis, e ele se sente também moralmente culpado por isso.

É possível perceber, nos relatos dos usuários do ônibus, uma dimensão moral na qual eles expressam um duplo julgamento: o que receberam dos outros e o que fazem de si por não terem documentos. "Vergonha", "não conseguir trabalho", "fazer algo de errado", "uma coisa ruim" são expressões dessa dimensão moral acionada num espaço pleno de formalidade; afinal, a Justiça Itinerante é uma das representações do Estado-sistema (Abrams, 2006).

Em estudo etnográfico sobre pessoas que buscam cadastramento no Bolsa Família, programa de distribuição de renda do governo brasileiro, Marins (2014) observa que as relações entre beneficiários e não beneficiários do programa se fundam em uma matriz moral, com a presença de fofocas, julgamentos e controles sociais específicos em torno da figura daquele que busca ser incluído no Bolsa Família. Os beneficiários ouvidos pela autora relatam experiências de constrangimento, humilhação e preconceito por buscarem acesso a um programa que os torna dependentes. Freire (2015), Ferreira (2015) e Vianna (2013) também mostram, em seus estudos etnográficos, como práticas de Estado associam técnica e moralidade, formalidade e sentimentos morais.

Em metodologia e temática, tais estudos dialogam com esta pesquisa: claramente, nos relatos dos usuários do ônibus há uma matriz moral nas cobranças que eles dizem ter sofrido pelo fato de não terem documentos — cobranças que vão desde constrangimentos concretos (como ser levado para a delegacia pela polícia ou ter de explicar o motivo da não prestação do serviço militar) até soluções momentâneas encontradas por eles para resolver um problema — como o fato de Marta dizer que mentiu no posto de saúde sobre ter esquecido os documentos, pois, se dissesse que não os tinha, o atendimento seria mais difícil ou talvez não acontecesse. São notáveis também as situações que não necessariamente envolvem uma ocorrência concreta, mas o sentimento difuso de vergonha, de ter feito algo de errado — "acham logo que a gente fez alguma coisa ruim", como atesta Marta.

A vergonha levou Rita a, num relacionamento de mais de dois anos, não contar ao namorado que não tinha documentos. O relato de Rita demonstra que a vergonha ultrapassa limites de domínios que nos acostumamos a ver como apartados: o público e o privado. A vergonha não se restringe ao fato de ser cobrada no hospital, no posto de saúde ou em interações com agentes e repartições estatais. Está presente nos relacionamentos íntimos, no namoro, no mundo doméstico. Rita expressa de modo claro o que o relato de Cristiane deixava subjacente: só quando a mãe morreu ela descobriu que a mãe não tinha documentos. Ou seja, a mãe também lhe escondera algo que a constrangia. A dimensão moral se traduz na vergonha, uma vergonha que inibe, emperra a vida e os sentimentos.

A documentação adquire aqui a configuração do "problema pessoal", de um assunto individual e referente àquele usuário. As pessoas sem documentos são, muitas vezes, cobradas por não terem algo que lhes devia ter sido oferecido pelo Estado como direito. A pessoa, além de não ter tido acesso a direitos, sente-se também moralmente culpada por isso.

Valderez e o fio da vida: "Por que quero um documento?"

Margens do Estado, a partir do conceito proposto por Das e Poole (2004:10), são comumente entendidas como: (1) "periferias" onde vivem pessoas consideradas "insuficientemente socializadas" de acordo com a ordem e as leis vigentes, que etnógrafos têm analisado interrogando os modos utilizados pelo Estado para, por meio da força ou do convencimento, ou de ambos, enquadrar esses sujeitos no arcabouço estatal; (2) lugares onde direitos podem ser violados mais facilmente, e cujos habitantes são muitas vezes ilegíveis pelo Estado; os documentos adquirem papel fundamental, já que tornam tais pessoas legíveis por esse mesmo Estado; (3) um espaço localizado "entre corpos, lei e disciplina", isto é, não necessariamente um espaço geográfico, mas um conjunto de articulações e relações.

Todos os entendimentos até aqui, destacam Das e Poole, compreendem as margens do Estado como um lugar de exclusão e desorganização social, lugar de falta e de ausência. A contribuição das autoras, fundamental para esta pesquisa, é ir além da ideia de margem apenas como lugar de exclusão e desorganização. Das e Poole afirmam que as "margens do Estado não são inertes", pois também se apresentam como espaços de busca de soluções — o que não significa negar os problemas, os perigos e a exclusão cotidiana. Para as autoras, populações das margens, apesar de sua rotina de exclusão, "não se submetem a tais condições passivamente" e também desenvolvem modos criativos de sobrevivência (Das e Poole, 2004:19) As margens do Estado, assim, também são Estado — embora as populações dessas margens vivenciem de modo distinto a relação com esse Estado.

Para esta pesquisa, é fundamental o diálogo com o conceito de margens, pois pessoas sem nenhuma documentação vivem nas margens do Estado brasileiro, menos no sentido geográfico ou étnico a que pode levar a primeira compreensão do conceito do que pelo fato de serem ilegíveis por esse Estado, como aponta a segunda concepção indicada por Das e Poole. Ao mesmo tempo, entender as margens como ambivalentes e não inertes permite que nós, cidadãos documentados, possamos compreender de que modo se constrói uma vida inteira sem documentação. Qualifico aqui essas pessoas como invisíveis, no sentido de que são legalmente ilegíveis pelo arcabouço estatal. Os relatos colhidos durante a pesquisa de campo mostram como as pessoas sem documentação vivenciaram a ambivalência das margens e acionaram repetidamente estratégias alternativas de inserção social para, com mais ou menos êxito, acessar políticas de saúde e educação — até o momento em que, por algum motivo, elas chegam ao ônibus a fim de obter o registro de nascimento.

Ao longo da pesquisa de campo, foi possível reconstituir e analisar os motivos apresentados pelos usuários do ônibus da Praça Onze para que pudessem adquirir o registro de nascimento e se tornar legíveis diante do Estado. O que fez essas pessoas que sempre viveram nas margens do Estado, tal como definem Das e Poole (2004), buscarem a certidão de nascimento? Por que elas decidiram buscar o documento? Com base nas entrevistas realizadas por mim com os usuários, mas também com juízes, promotores, defensores públicos e técnicos da Justiça Itinerante, tentei classificar os motivos, sabendo que eles se entrelaçam e que dificilmente alguém apresenta uma única razão em sua busca pelo documento.

De acordo com minha pesquisa de campo, um propósito frequente na busca pelo registro de nascimento é o *acesso a políticas públicas e benefícios sociais*. Como já explicado, o sistema de documentação brasileiro funciona por encadeamento, e para obter qualquer documento exige-se um documento anterior, sendo que a certidão de nascimento é o documento fundador (DaMatta, 2002). Sem a certidão, é impossível obter carteira de identidade e CPF. Assim, o ônibus da Praça Onze é procurado continuamente por indivíduos que desejam obter outros documentos para, com eles, solicitar acesso a programas e benefícios sociais, notadamente o Bolsa Família. Criado em 2003, o programa se baseia na transferência de renda, com concessão de bolsas a indivíduos abaixo de determinado patamar de rendimento. Para se cadastrar e receber a bolsa, é preciso ter certidão de nascimento, identidade e CPF — inclusive das crianças da família.

Obter o Bolsa Família para si e seus filhos era o propósito de Damiana, de 28 anos, moradora de Costa Barros, na zona norte do Rio, quando chegou ao ônibus da Justiça Itinerante. Entrevistei-a no dia

14 de outubro de 2016, em sua segunda ida ao ônibus, quando recebeu então as certidões de nascimento sua e dos filhos Lázaro, de 10 anos, e Ana Raquel, de 4. Sem emprego nem renda fixos, analfabeta, Damiana era responsável por uma família em situação de extrema vulnerabilidade social e vivia num barraco em Costa Barros. Cresceu na rua, filha de mãe alcoólatra, a doméstica Marly, enterrada como indigente por não ter nenhum documento de identificação. Sempre viveu sem documentos, na representação do que Das e Poole (2004) chamam de margens do Estado, tanto no sentido de alguém habitante de uma periferia em que as pessoas são menos socializadas na lei quanto na acepção de alguém ilegível pelo Estado e cujos direitos são mais facilmente violados. Ao mesmo tempo, a reflexão de Das e Poole (2004) ajuda a pensar sobre como, nas margens, o Estado também se faz presente. Damiana não chegou ao ônibus por sua própria iniciativa: foi localizada pela assistente social Yara, funcionária de uma ONG que, por meio de um convênio com a prefeitura, busca crianças que não estão frequentando a escola e tenta encaminhá-las para a rede de ensino. De acordo com o relato de Yara, sua ONG, graças ao convênio, faz nas ruas o trabalho de busca ativa, percorrendo comunidades e tentando achar crianças que não estão estudando. Um dia, quando percorria Costa Barros, ela achou Lázaro jogando bola de manhã. Perguntou quem era sua família e por que não estava na escola, chegando em seguida à casa de Damiana, um barraco na comunidade Terra Nostra.

Como em outros casos já abordados neste capítulo, Damiana tem uma trajetória de contínua negação de direitos através de gerações. Ela nunca estudou nem conseguiu trabalho. Sem documentos, não registrou os filhos, que também não estavam na escola. A ideia de uma cidadania diferenciada definida por Holston (2013) — concessão universal, mas distribuição desigual de direitos — pode ser utilizada para compreender a trajetória de Damiana como pessoa ilegível pelo Estado. O documento representaria, para ela, o acesso a políticas sociais — no caso, o Bolsa Família — e a chance de se tornar legível.

Damiana também me fez refletir sobre uma situação que encontrei frequentemente durante a pesquisa de campo: o fato de que muitos usuários do ônibus só chegaram ao local graças à ação de um mediador. No caso de Damiana, foi Yara quem a localizou e a levou até o ônibus; a ONG pagou o transporte de Damiana e seus filhos até o Centro da cidade. Muitas pessoas que entrevistei no ônibus dependiam desse apoio de um assistente social, um funcionário público, um parente ou um vizinho que as estimulasse a procurar o documento e as acompanhasse na fila — num trabalho de mediação que aprofundarei no capítulo 2.

A pesquisa de campo mostra outro motivo frequente para que os usuários do ônibus busquem o registro de nascimento: a ocorrência, em suas vidas, de algum evento que os obrigue a ter um documento de modo urgente, caracterizando o que, a partir do conceito original de legibilidade de Das e Poole (2004), chamo aqui de *urgência de legibilidade*. Essas pessoas precisam do documento para que possam fazer uso, de modo urgente e imediato, de um serviço público. Nas margens do Estado, território físico e simbólico no qual estão acostumadas a transitar, as estratégias de negociação se esgotaram para resolver determinado problema que se apresenta, e, para lidar com tal situação, é indispensável um documento.

Telles (2010, 2013) e Cunha e Feltran (2013), em pesquisas de cunho etnográfico sobre territórios urbanos, analisam as experiências de informalidade que se constroem nas margens. Nos ilegalismos cotidianos na cidade de São Paulo, do trabalho informal na rua aos bicos no narcotráfico, pontua Telles, em diálogo com a ideia de "margens" (Das e Poole, 2004), há uma tessitura urbana construída por meio de jogos de poder e relações de força. Segundo a autora, nessas zonas de turbulência há o embaralhamento das fronteiras da legalidade, e um indivíduo que trabalha no comércio durante o dia pode, durante a noite, ser colaborador do tráfico. Isso tudo reconfigura as cidades e suas relações de força, exigindo de quem vive nas zonas de turbulência capacidade de se adaptar a essa permanente transformação. A gestão dos ilegalismos, afirmam Feltran (2010) e Telles (2010), na perspectiva de Foucault (1987), ajuda não a coibir ou eliminar o que parece fora da legalidade, mas a diferenciá-lo, definir limites, utilizar uns e tirar proveito de outros — pois, para Foucault (1987), os ilegalismos também fazem parte do funcionamento social e compõem os jogos de poder.

De modo análogo, na pesquisa sobre pessoas sem documento é possível observar como elas geriram a própria inexistência indocumentada. Sem usar a palavra "ilegalismo", prefiro falar em "ilegibilidade", no sentido de impossibilidade de ser contabilizado pela governamentalidade. Mas, nas margens, na ilegibilidade, é possível observar a ininterrupta construção e reconstrução de estratégias — o trabalho informal, o bico, a ajuda de alguém para matricular um filho em escola. Há, porém, um momento em que essas estratégias se esgotam.

Um exemplo claro da *urgência de legibilidade* aconteceu com a doméstica Maria da Conceição, de 52 anos, que veio de Pernambuco para o Rio há cerca de 30 anos, já sem documentação. Maria é uma das personagens mais marcantes de minha pesquisa, e tive a oportunidade de entrevistá-la várias vezes ao longo do trabalho. Já falei de Maria neste capítulo ao analisar a forma como a pessoa sem documento fala de si, pois é dela a frase: "Eu me sinto um cachorro. Sou uma pessoa que não existe". Parafraseando Mintz (1984), Maria me escolheu e deixou que eu reconstituísse sua trajetória.

Maria sempre trabalhou como diarista, sem carteira assinada nem documento algum. Teve companheiros, tem filhas e netas. Nunca votou e não sabe ler nem escrever. Construiu sua existência nas margens do Estado, sem legibilidade diante dele. Conseguiu comprar um barraco na região de São Gonçalo, município da Região Metropolitana do Rio. Há mais ou menos 15 anos começou a sentir um caroço na mama esquerda, mas, sem documento, conseguiu apenas tratamento de emergência na rede pública de sua cidade. Em setembro de 2016, quando a conheci, o caroço tinha crescido e alcançava o tamanho de uma laranja, projetando-se para fora do corpo. No posto médico, o caso foi diagnosticado como um tumor maligno que precisava ser operado, mas tanto o tratamento quimioterápico quanto a cirurgia só poderiam ser feitos caso ela apresentasse documentos.

A história de Maria é central para esta pesquisa, porque traz de volta algumas questões já expostas aqui, como o papel do documento como chave para acesso a políticas públicas — e chave para a cidadania, tal como analisam Peirano (2006), DaMatta (2002) e Santos (1979). Do mesmo modo que Maria, outros adultos sem-documento buscam o registro de nascimento para resolver essa urgência de legibilidade quando há um problema que não mais pode ser solucionado pelas estratégias até então utilizadas por eles. A dona de casa Vânia, moradora de Duque de Caxias, município da Baixada Fluminense, sempre conseguiu matricular a filha na escola, mesmo sem documentos, porque conhecia a diretora do estabelecimento. Quando a jovem chegou ao ensino médio, mudou-se para uma escola estadual que lhe apresentou nova regra: sem documento não há matrícula, o que obrigou Vânia a buscar uma solução fora das margens do Estado. A urgência de legibilidade se caracteriza, assim, por essa situação extrema, que exige a apresentação de documentação oficial e uma tomada de atitude por parte do indivíduo — e o leva a procurar o *ônibus do sub-registro* na Praça Onze.

A urgência de legibilidade aciona ainda, na fala das pessoas atendidas e dos juízes do ônibus, outro argumento, o de prioridade, traduzido no raciocínio de que todos que estão naquela fila têm direitos, mas o direito de alguns é mais urgente do que o de outros. A cirurgia iminente, a vaga para o filho, o direito de ter atendimento médico são situações com as quais alguém se depara e nas quais as estratégias de solução até então mobilizadas nas margens do Estado não mais funcionam. Voltarei ao tema em capítulo posterior, quando analiso o papel do juiz como agente capaz de garantir essa urgência antes mesmo da emissão do documento.

O terceiro motivo que faz com que alguém sem documento procure o ônibus é o que chamo de *conversão* — não necessariamente religiosa, ainda que muitas vezes o processo inclua a conversão religiosa. São casos de pessoas cujas trajetórias são marcadas por dependência de drogas ou álcool e que não tinham documentos, e meu encontro com elas no ônibus da Praça Onze se dá ao final de um processo de mudança de vida, com o abandono ou a redução do uso dessas substâncias. Opto pela categoria conversão por causa dos relatos que obtive durante a pesquisa de campo e uso tal categoria em diálogo com vários estudos que analisaram, em áreas pobres do Rio, a conversão a denominações evangélicas pentecostais ou neopentecostais vivida por pessoas ligadas à criminalidade (Lins e Silva, 1989; Teixeira, 2009; Corrêa, 2015). Desde o estudo pioneiro de Lins e Silva (1989) sobre a Cidade de Deus até trabalhos mais recentes, como o de Corrêa (2015), o fenômeno vem sendo entendido como um elemento crucial na construção de uma nova identidade nos grupos analisados. O crescimento das denominações evangélicas pentecostais e neopentecostais é um fenômeno mundial desde os anos 1960, com a perda de fiéis das igrejas evangélicas tradicionais, chamadas históricas ou de missão.[5] No Brasil, é explicitado no Censo de 2000, quando a proporção de evangélicos subiu de 9% para 15,4%, e confirmado no de 2010, quando chegou a 22,2% (IBGE, 2012). Freston (1994) salienta que o crescimento evangélico não é exclusivo das camadas mais pobres, mas destaca que estratos populacionais de maior vulnerabilidade econômica e social têm sido atraídos em maior número pelas novas denominações.

Teixeira (2009), em estudo etnográfico sobre os chamados ex-bandidos que se tornaram evangélicos, observa, nas narrativas deles, de que modo sua conversão é um processo atravessado por numerosas mediações e não pode ser entendida apenas como uma mudança individual, subjetiva; ao contrário, afirma, é preciso considerar o contexto social no qual a transformação acontece. Assim, "a conversão não aparece como um 'evento transformador', mas como o ápice de um

---

[5] Para saber mais sobre o crescimento de denominações evangélicas neopentecostais, ver Novaes (1998), Mariano (2005) e Mafra (2011), entre outros.

processo que envolve o indivíduo e os contextos (social e religioso) em que ele está inserido" (Teixeira, 2009:81). As respostas às questões levantadas por Teixeira — quando começa a conversão? a partir de que momento os ex-bandidos entrevistados por ele têm noção disso? — surgem de uma pesquisa etnográfica que busca, nas narrativas desses ex-bandidos, as relações entre a transformação individual, o contexto social em que aquele indivíduo está inserido e a cosmologia pentecostal. Teixeira analisa a imagem que o ex-bandido tem de si e de que modo se reinterpreta na religião pentecostal, mostrando também que caminho ele percorre. Em outro estudo etnográfico, Corrêa (2015) aborda as relações entre evangélicos e traficantes de drogas, analisando trajetórias de vida e suas modificações no processo de conversão. No que define como uma "sociologia dos problemas íntimos", busca apreender os atores por meio de seus problemas, analisando os processos de transformação experimentados por esses atores e recorrendo à categoria de conversão como eixo de sua análise.

Durante a pesquisa de campo, deparei-me, no ônibus da Praça Onze, com numerosos casos que traduziam na categoria da conversão o motivo principal de sua busca pelo registro de nascimento. Diferentemente do verificado nas pesquisas de Corrêa (2015) e Teixeira (2009), nenhum se identificou como ex-chefe do tráfico em sua área. Eram principalmente ex-usuários de drogas que, ao longo dos anos de dependência química, perderam seus documentos ou nunca os tiveram. Localizei também três mulheres que haviam sido usuárias, e todas me relataram que, nesse período, sobreviveram vendendo drogas, roubando e trabalhando como prostitutas. Aproximei-me mais de Natália, que me deu a primeira entrevista em novembro de 2016, quando foi ao ônibus pela primeira vez dar entrada no pedido do registro de nascimento. Depois disso, voltei a entrevistá-la mais duas vezes, em agosto de 2017. Quando chegou ao ônibus, Natália tinha 30 anos e, de acordo com seu relato, nunca tivera nenhum documento. Sua primeira lembrança, disse, era do Conjunto Amarelinho, onde vivia na casa de uma mulher que cuidava de muitas crianças — e, segundo Natália, espancava todas.

Eu resolvi fugir, porque ali não dava mais pra viver. Aí fui ficando pela rua, aqui, ali, vivendo de pedir, fazendo tudo de ruim. Roubei, me prostituí na avenida Brasil, usei maconha, cocaína, crack. Fiquei muitos anos na droga, mendigando na rua, roubando... Tava na pior mesmo foi com a pedra, o crack. Aí na rua conheci o Alessandro, que também usava droga, era crackudo, mas não tanto quanto eu. A gente trocou telefone, ficou namorando. Ele me levou pra casa dele, e a mãe dele começou a cuidar de mim, me levou pra igreja. Agora faz três anos que não estou usando mais. O Alessandro saiu da rua também. Paramos de usar juntos. Mudei totalmente de vida [Natália, 30 anos].

Natália relatou que, com a ajuda de Nilza, mãe de Alessandro, entrou para uma igreja evangélica em Santa Cruz, uma das muitas novas denominações neopentecostais que proliferam na zona oeste do Rio. Saiu da rua, deixou de consumir crack e de se prostituir. Começou também a trabalhar como faxineira. Vivenciou, assim, o processo de mudança de vida que defino como conversão — e que, no caso dela, incluiu de fato uma conversão religiosa. Segundo o relato de Natália, o que lhe faltava na nova vida era um documento, para que pudesse voltar a estudar e buscar um emprego de carteira assinada, e por esse motivo ela procurou o ônibus da Praça Onze.

Um processo parecido de conversão foi vivenciado por Márcia, de 40 anos, que entrevistei no dia 17 de março de 2017, quando ela chegou ao ônibus levada por uma sobrinha e uma vizinha. Acompanhei a entrevista de Márcia feita pela assistente social do Sepec e depois continuei conversando com ela até o momento da entrega de sua certidão de nascimento. Márcia contou que tinha nascido na roça, no interior do Rio, e que sua mãe tivera mais de 10 filhos, nenhum registrado. A mãe também não tinha documentos e viveu com vários companheiros uma história frequente de violência e pobreza, relembrou Márcia: "Todo marido que ela arrumava batia nela. E a gente muitas vezes não tinha nada para comer". A própria Márcia também era frequentemente espancada por um de seus irmãos, que, segundo ela, sofria de alcoolismo e, quando bebia, batia nela "até tirar sangue". Contou que, com medo do irmão, saiu de casa e foi morar na rua. Nunca tivera documentos e assim ficou. Por volta dos 18 anos, foi morar com um companheiro, usuário de drogas. Márcia também usou drogas. "Caí no mundo, pedia, roubava, me prostituía, fazia de tudo", relembrou. Passou mais de 20 anos com esse companheiro, que também a espancava e trancava em casa. A sobrinha disse que a família sabia da vida que Márcia levava, mas nunca se meteu: "A gente sabe que ela não era santa, não". Um dia, uma vizinha a encontrou desmaiada e muito fraca, depois de dias sem se alimentar; chamou a família, que a levou a um hospital. Na emergência, após vários exames, foi diagnosticado um câncer do colo do útero. O hospital, para fazer a cirurgia e o tratamento, exigiu documentos, e a família então foi encaminhada ao ônibus da Justiça Itinerante. Durante o tratamento médico, Márcia começou a frequentar com a sobrinha uma igreja evangélica. Quando a conheci, estava sem usar drogas, mas se movia com dificuldade e tinha as pernas muito inchadas. Esperava o documento para poder se registrar e pedir a aposentadoria. Saiu da Praça Onze com o registro de nascimento na mão. Sua história de vida mescla vários motivos para obter um documento, pois ela tanto buscava o acesso a políticas públicas (aposentadoria) quanto vivenciava a urgência de legibilidade, já que a cirurgia dependia da documentação. Destaco também a conversão, num processo que passa pelo abandono das drogas e no qual o documento poderia ser uma espécie de chave para uma vida diferente.

Embora nesses dois casos o processo que chamei de conversão inclua a conversão religiosa, no meu estudo ela não é obrigatória, diferentemente das pesquisas realizadas por Teixeira (2009) e Corrêa (2015). As irmãs Kamila, de 22 anos, e Raquel, de 18, nunca tiveram documentos porque nunca foram registradas pelos pais, Marcelo e Jaqueline. Questionei o pai e a mãe sobre os motivos de nunca terem registrado as jovens. A mãe explicou que, como as duas nasceram em casa, não possuíam a declaração de nascido vivo (DNV). O pai justificou dizendo que "tinha uma vida louca": era viciado em drogas e vivia na rua. Recuperado e cobrado pelas filhas — que nunca estudaram e, analfabetas, assinaram com a impressão digital o requerimento para obter o registro —, resolveu registrá-las. As jovens queriam estudar, tirar a carteira de trabalho, mas, sem documentação, tudo isso era inviável. O pai, já longe das drogas, completou seu processo de conversão acompanhando as filhas no processo de registro tardio.

Ao longo da pesquisa de campo, pude observar que a busca pelo documento podia não ter apenas uma única causa — muitas vezes os motivos para a busca se entrelaçavam, como já apontei na trajetória de Márcia. Constatei também que muitos usuários do serviço da Justiça Itinerante expressavam não um propósito facilmente definível, mas sim um sentimento difuso sobre conhecer melhor suas origens e reconstituir a própria história, no que defino aqui como *recuperação da trajetória familiar*. Estabeleço essa categoria em diálogo direto com o que propõe Schritzmeyer (2015) em estudo etnográfico sobre adultos que foram internos da Fundação Casa (Centro de Atendimento Socioeducativo ao Adolescente), leitura fundamental para esta pesquisa. Nesse trabalho, a autora analisa de que forma os ex-internos buscam seus prontuários nos abrigos públicos do estado de São Paulo, num processo que ela denomina recuperação dos "fios das vidas". Por que aqueles adultos buscavam seus prontuários?, indaga a autora. Que importância teria para eles recuperar esses registros oficiais de um período de suas vidas? Em sua análise, para aqueles ex-internos, agora adultos, acessar traços do passado era um processo que fazia com que eles se reelaborassem; a busca potencializava a construção de suas identidades, permitindo que aquelas pessoas se apropriassem de registros do passado para trazer novos significados à sua vida presente e aos projetos futuros.

Com a busca dos prontuários, ao menos os três "ex-menores" e aqueles com quem eles vêm construindo a "família Batatais" expressam o desejo de (re)elaborar seus cursos de vida e seus arranjos de mundo na tentativa de construí-los, se não com novas perspectivas, ao menos com o intuito de dar maior inteligibilidade ao que veem como trajetórias plenas de esforços, de lutas e de sucessos em meio a agruras de toda ordem. O que eles encontraram nos prontuários parece completar suas experiências identitárias, cumprindo o papel de provar que são pessoas dignas e íntegras, tanto porque foram "bons menores" quanto porque se tornaram "bons maiores" [Schritzmeyer, 2015:109].

Os relatos obtidos por mim durante o trabalho de campo indicam que, no processo de obtenção do documento, o registro de nascimento tem uma finalidade que vai além da apenas imediata. Muitas pessoas atendidas buscam reconstruir a própria história e recuperar laços familiares, os "fios de suas vidas". Essa reflexão foi decisiva para o rumo da pesquisa e me permitiu elaborar a hipótese de que, na busca pela documentação, a ideia de "para que serve o registro de nascimento" se junta a outra, que remete a outra busca, agora por direitos, acesso à cidadania e recuperação da própria história familiar. Digo que esse diálogo teórico foi fundamental porque me obrigou a abrir a pesquisa para incluir um grupo que, tecnicamente, não seria abrangido por ela. Eram pessoas que já tinham algum documento, mas mesmo assim buscaram o ônibus da Praça Onze. Passo a falar delas agora, a partir de uma história de vida muito marcante para mim, a de Valderez.

Conheci-a no ônibus, em 2 de setembro de 2016, enquanto ela esperava, na fila, ser chamada para a primeira audiência. Gravei parte de sua entrevista nesse dia, reencontrei-a outras duas vezes e segui alternando conversas gravadas e outras sem gravação. Valderez me contou que nasceu e foi registrada em Maceió, Alagoas, em 1970. Quando ela tinha 8 anos, a mãe foi assassinada a facadas pelo pai. Ela e os irmãos, trazidos para o Rio, foram divididos entre parentes. A jovem foi expulsa de casa pela tia aos 15 anos, passou a viver na rua e perdeu a documentação. Encontrou uma família que a acolheu e, tempos depois, levou-a a um cartório para fazer o registro de nascimento. Valderez foi registrada pela segunda vez, agora no Rio de Janeiro e com um nome completamente distinto, Fabiana, e mais dois sobrenomes inventados. "O homem do cartório disse que Valderez era nome de homem", lembrou ela. O novo documento, emitido como um favor feito pelo "homem do cartório" à patroa de Fabiana, alterou a data de aniversário da jovem e omitiu os nomes dos pais dela. Com ele, Fabiana obteve identidade, título de eleitor, casou-se e registrou suas filhas.

Valderez não era, tecnicamente, uma "invisível", ausente dos cadastros nacionais e tema principal desta pesquisa. Tinha casa em seu nome, documentos, filhos e netos registrados com seu nome de Fabiana. Tinha acesso a políticas públicas e legibilidade. Não vinha de um processo de conversão. Por que queria um documento? Resolvi entrevistá-la porque sua história de vida me trouxe uma nova reflexão: justamente a questão da identidade. Isso me alertou para a busca pela recuperação da trajetória familiar e me levou a incorporá-la à pesquisa.

Moradora de Belford Roxo, município da Baixada Fluminense, Valderez/Fabiana procurou o serviço de erradicação do sub-registro oferecido pela prefeitura porque nunca se conformou em ter os nomes dos pais retirados de sua certidão. A partir das informações fornecidas por ela, o serviço municipal conseguiu localizar seu documento no cartório de Alagoas onde ela fora registrada e obteve uma segunda via. Com os nomes dos pais, o mesmo serviço municipal localizou uma de suas irmãs, Valdenice, e as duas se reencontraram após 21 anos de separação. Conheci as duas na Justiça Itinerante, e elas ficavam de mãos dadas. Quando perguntei a Valderez/Fabiana por que estava no ônibus, ela me contou que desejava ter em seus documentos o nome antigo. Os técnicos da Justiça Itinerante explicaram-lhe que, se anulasse a certidão com o nome de Fabiana, ela automaticamente anularia os documentos dos filhos. Valderez decidiu ficar com o documento de Fabiana, mas queria que a ele fossem acrescentados os nomes de seus pais.

Valderez, reitero, já tinha acesso a políticas e benefícios sociais, não vivia uma situação de urgência de legibilidade nem passara por uma conversão. Sua busca era motivada por algo que até então eu não havia percebido, mas que naquele momento me saltou aos olhos: ela desejava recuperar sua história familiar. Como havia se separado de sua família biológica, queria pelo menos em seu documento ter os nomes de seus pais. A busca do documento fez com que ela mesma se transformasse, achasse a família de origem, repensasse quem ela era.

Reencontrei Valderez no dia 30 de setembro de 2016, ao lado da irmã Valdenice. Assisti à audiência dentro do ônibus da Justiça Itinerante. Uma nova juíza apresentou a Valderez outro argumento: legalmente, a certidão que a nomeava como Fabiana era completamente falsa, pois fora emitida para registrar alguém que já era registrado, o que é proibido por lei. Colocar os nomes dos pais na certidão falsa seria tentar validar um documento falso. Uma opção, caso ela gostasse muito do nome Fabiana, seria acrescentá-lo ao documento original, e ela passaria a se chamar Valderez Fabiana, mais os sobrenomes. Mas, de qualquer modo, os documentos dos filhos de Valderez/Fabiana teriam de ser modificados.

Assim, foram oferecidas a Valderez/Fabiana duas opções: ou ela seguia como Fabiana e sua certidão cheia de falsificações, como se nunca tivesse sido registrada antes, e não mudava nenhum documento, nem dela nem dos filhos, ou optava pelo documento correto, anulando o documento falso em que ela era identificada como Fabiana, e teria de modificar todos os seus documentos e os de seus filhos. No caminho para recuperar o que ela considerava sua "verdadeira identidade", Valderez/Fabiana viu-se obrigada a fazer uma escolha entre duas certidões de nascimento, sendo que cada certidão representava, na verdade, uma de suas vidas: Valderez, a menina que perdeu a mãe e foi expulsa de casa, ou Fabiana, a jovem que reconstruiu a vida e teve filhos.

Valderez assistiu à audiência ao lado da irmã, Valdenice. Mostrou à juíza uma foto de sua mãe, Elza, assassinada pelo marido. Ela e a irmã choraram várias vezes. Depois de pensar e conversar com a irmã, Valderez anunciou sua decisão: queria o nome da mãe e o do pai no documento e, para recuperá-los, abria mão de todos os seus documentos como Fabiana. A juíza emitiu então uma ordem determinando que todos os documentos com o nome Fabiana fossem alterados para Valderez e explicando a quem fosse realizar o processo que as duas eram a mesma pessoa, que não havia falsidade ideológica ou tentativa de burlar a Justiça. A decisão valia também para qualquer programa social ou escritura de imóvel. Valderez teria de chamar seus filhos e pedir que mudassem toda a documentação, para que o nome verdadeiro dela ocupasse o lugar que lhe era devido na vida. Queria o registro por um motivo de foro íntimo, a fim de reescrever sua trajetória e validá-la. Valderez decidiu ser Valderez.

Ao longo da pesquisa de campo, tive a oportunidade de encontrar outros usuários que, como Valderez, já tinham registro de nascimento, mas buscavam o ônibus da Praça Onze como solução para essa busca pelo fio da vida, pela recuperação da trajetória familiar. Falarei deles ao longo dos outros capítulos. Uso aqui a trajetória de Valderez como representativa dessa busca pelo registro de nascimento, que é também a busca pela própria história. O documento, mais do que nunca, surge como rastro para recuperação da trajetória familiar, do fio de sua vida, e definidor de sua identidade.

2. A *síndrome do balcão* e a chegada ao ônibus

A cartela de carimbos

Corria dezembro de 2014 quando cheguei ao Comitê de Erradicação do Sub-registro de São João de Meriti, município na Baixada Fluminense. Eu era repórter do jornal *O Globo* e escrevia uma série de reportagens sobre pessoas sem documento, tema que acompanhava desde 2002 (Escóssia, 2014a, 2014b). A coordenadora do comitê, assistente social concursada do município, concordara em me atender por sugestão da juíza Esther. Foi essa juíza que, em novembro daquele ano, me convidou para conhecer o ônibus da Praça Onze, quando conversamos sobre meu interesse na temática das pessoas sem documento.

Em São João de Meriti, a coordenadora do comitê do município me relatou que ele fora criado em março daquele ano. Era um dos nove existentes até então no estado do Rio, como parte da política nacional de erradicação do sub-registro implementada no Brasil a partir de 2007 (Garrido e Leonardos, 2017). A assistente social me descreveu o tipo de trabalho realizado no comitê do município e apresentou-me várias pessoas que estavam sendo atendidas, cujas histórias foram narradas na reportagem publicada no dia 11 de dezembro de 2014 (Escóssia, 2014a, 2014b).

Naquela conversa, a coordenadora do comitê usou a expressão que dá nome a este capítulo. Disse perceber, nos relatos das pessoas que buscavam o registro, como elas tinham percorrido vários lugares em busca do documento. Em suas palavras: "Cada vez que alguém se dirige a um balcão do serviço público para tirar o registro de nascimento, ouve que não é ali. Então a busca recomeça. É a *síndrome do balcão"*. Com essa expressão, que incorporo a esta pesquisa como categoria nativa, a assistente social se referia às dificuldades enfrentadas por quem buscava documentos e, especificamente, ao modo como o funcionamento dos balcões — usados por ela como sinônimos de instâncias estatais — atrasava a busca.[6]

O senso comum costuma entender burocracia num sentido pejorativo, como atraso e mau funcionamento do aparelho estatal. Esta pesquisa, porém, dialoga com a definição de burocracia no âmbito das ciências sociais, a partir do conceito fundador de Weber (1982). Na formulação weberiana, burocracia é uma forma de administração; especificamente, uma das formas que o tipo de dominação racional-legal pode tomar. Nos Estados nacionais modernos, essa dominação racional-legal é característica. Em Weber (1982:229), a autoridade democrática do Estado moderno tem três pilares: a distribuição de atividades regulares como deveres oficiais; a distribuição estável dessa autoridade, com uso de meios de coerção pelos funcionários do Estado; a adoção de medidas metódicas para a realização desses deveres e dos direitos correspondentes, sendo que apenas quem tem a qualificação prevista pode executar tais medidas. Assim, falar da *síndrome do balcão* também é percorrer os meandros da burocracia, no sentido weberiano, que deu ao Estado-sistema (Abrams, 2006) o poder de registrar pessoas — para controle dos indivíduos e para concessão de direitos a eles.

Herzfeld (2016) reflete sobre as maneiras pelas quais o edifício burocrático e seus burocratas criam práticas, técnicas e procedimentos repetidos à exaustão no intuito de mostrar eficiência e controle — mas que também são fundamentais na construção do que ele categoriza como produção social da exclusão e da indiferença. Trata-se mesmo,

---

[6] Não utilizo o nome verdadeiro dessa coordenadora para me ater ao princípio que utilizei desde o início do livro: a proteção da identidade e a garantia do anonimato dos funcionários públicos. No caso dela, a medida é um tanto inócua, já que a reportagem está publicada e a própria coordenadora escreveu um texto sobre o papel do poder municipal na erradicação do sub-registro, texto que integra a bibliografia desta pesquisa (Santos, E., 2017).

diz o autor, de "exclusão categorial", amparada em classificações, procedimentos e taxonomias que permitem ao burocrata isentar-se de responsabilidade na solução das demandas que lhe são apresentadas. Herzfeld também cita a forma pela qual os burocratas incorporam a prática de "passar a batata quente" (*to pass the buck*) adiante, numa tentativa de se eximir da responsabilidade por mais um adiamento de direitos. Essa produção social da indiferença é facilmente verificável no caminho percorrido pelas pessoas sem documento até o momento em que chegam ao ônibus, e seus relatos mostram de que forma essa indiferença é construída ao longo de anos. Passar a batata quente adiante é prática recorrente na *síndrome do balcão*.

Esta pesquisa busca uma abordagem etnográfica do cotidiano de como a burocracia é exercida numa instância estatal específica, a da documentação, num percurso que permite dialogar com Ferreira (2009), Peirano (2006), Pinto (2014, 2016) e Miranda (2000). Tal abordagem se dá a partir de alguns eixos: a reconstituição de como as pessoas atendidas no ônibus relataram suas formas de enfrentamento das práticas burocráticas do Estado-sistema, no que a assistente social denominou *síndrome do balcão*; as representações que elas expressam desse Estado, no sentido de Estado-ideia de que fala Abrams (2006); o acompanhamento do atendimento no ônibus, permitindo analisar de que maneira uma representação do Estado-sistema se configura, para os beneficiários, na ideia de um Estado que, depois de empurrar um problema durante anos com a *síndrome do balcão*, irá finalmente apresentar alguma proposta de solução. É o que Peirano (2002) chama de o "Estado em ação".

Como já explicado na introdução, os cartórios de Registro Civil das Pessoas Naturais (RCPN) recebem do Estado a concessão que os torna responsáveis por lançar em seus livros ocorrências de nascimentos e mortes, emitindo, a partir daquele registro, uma certidão — de nascimento ou de óbito (Makrakis, 2000). O cartório é o primeiro balcão procurado por quem deseja um registro de nascimento tardio, emitido fora do prazo. Quando se trata de um adulto, é preciso fazer uma busca para saber se aquela pessoa ainda não foi registrada, evitando duplicidade, e também para saber se a pessoa não está apenas querendo mudar de nome por algum motivo — fugir de dívidas ou acusações criminais, por exemplo, na concretização da documentação como instância de controle, na perspectiva de Foucault (2015).

Durante o trabalho de campo para esta pesquisa, relatos de funcionários do ônibus da Praça Onze ajudaram a consolidar a reflexão sobre a *síndrome do balcão* e permitiram analisar de que modo a vida daquelas pessoas foi afetada. Destaco, entre eles, o relato da juíza coordenadora do serviço de sub-registro da Justiça Itinerante, que identificarei apenas como dra. Sylvia. Em entrevista concedida a mim no dia 10 de março de 2017, dra. Sylvia contou como, há mais de 15 anos, se deparou com a temática do sub-registro em sua rotina profissional:

> Eu estava chegando para uma audiência na Vara de Família em São João de Meriti, quando vi no cartório da vara um homem fora de si. Eu disse que ele não poderia agir daquela forma e indaguei do que se tratava. Ele tinha na mão uma folha de ofícios com vários carimbos. Disse que não tinha registro de nascimento e tentara tirar um na minha vara. O cartório tinha então dado a ele uma lista de cartórios aos quais ele deveria ir, para saber se não fora previamente registrado em nenhum deles. Em cada cartório ele deveria obter um carimbo, uma espécie de nada consta, dizendo que não fora registrado. Ele já estava naquela busca fazia cinco anos, e não tinha nem metade da folha preenchida [dra. Sylvia].

A juíza relatou seu espanto diante da solução imposta:

> Como uma pessoa pobre vai ter tempo e dinheiro para percorrer dezenas de cartórios em busca de um carimbo atestando que ele não fora registrado ali? Enquanto isso, a pessoa continuava sem registro. Aquilo me chocou muito, porque eu esperava ver tal situação no Nordeste, não no Rio de Janeiro. Para uma pessoa conseguir um registro tardio, levava mais de 10 anos [dra. Sylvia].

A partir do relato de dra. Sylvia, é possível perceber como se exigia, daquele adulto que procurava obter sua certidão de nascimento, que ele próprio construísse, com a busca nos cartórios, a prova de que não tinha certidão de nascimento — quando, na verdade, se ele tivesse certidão, não precisaria fazer a busca. Sabendo que a falta de documentação é um problema normalmente associado à pobreza e à extrema pobreza (Pacheco, 2017), o pedido se torna mais difícil de cumprir, alongando ainda mais a espera. A burocracia exige a comprovação de algo dentro de sua lógica, e a prova documental seria representada, naquele caso, pelo carimbo na cartela.

Durante a pesquisa de campo no ônibus da Justiça Itinerante, numerosos entrevistados me relataram, naturalmente sem usar a expressão da assistente social de São João de Meriti, como vivenciaram a *síndrome do balcão* e a espera. Contaram como haviam procurado durante meses, às vezes anos, com mais ou menos empenho, mas até ali sem sucesso, instâncias do Estado para obter o registro de nascimento. No arcabouço do Estado-sistema (Abrams, 2006), haviam percorrido diversos balcões, especialmente de cartórios, juizados e fóruns, sem sucesso.

> Faz oito anos que tento registrar. Já fui à maternidade, e lá me disseram que o livro [onde os nascimentos haviam sido anotados] pegou fogo. Fui ao Conselho Tutelar, à Defensoria Pública. Lá me mandaram para o comitê de Belford Roxo [Jaqueline, mãe de Kamila, 22, e Raquel, 18, ambas as filhas sem documento].

> Já fui no cartório, no fórum, já me mandaram fazer busca em cartórios não sei quantas vezes. Já faz seis anos que estou nessa busca, parece que o Estado faz pra gente não conseguir [Cristiane, mãe de David, 22 anos].

> Mandaram que eu fizesse a busca nos cartórios, não tenho condição. É uma burocracia danada, o Estado não está nem aí pra nós [Jefferson, 27 anos].

> Tentei tirar o registro várias vezes, fui num canto, em outro. Fui no cartório, no fórum, nada. É a maior burocracia. E a gente que leva a culpa. Dá muita vergonha [Dani, 25 anos].

> Desde que vim do Recife, tento essa certidão de nascimento. É muito tempo esperando, como é que o Estado faz isso com a gente? [Maria da Conceição, 54 anos].

Os relatos mostram claramente que, a partir de seus encontros com instâncias do Estado-sistema, essas pessoas constroem uma ideia particular de Estado: aquele que, de balcão em balcão, alonga a espera de quem busca documentos e atrasa a obtenção de direitos aos quais o documento garante acesso. Não são só eles que são ilegíveis para o Estado; no caminho inverso, o Estado também se torna ilegível para eles, um ente opaco, pouco compreensível e inacessível. Reis (1990), em estudo sobre cartas enviadas por brasileiros no final dos anos 1970 ao então ministro da Desburocratização, recupera, nesses relatos, como o cidadão se diz oprimido por uma sucessão de exigências.

> O que elas relatam são normalmente situações em que normas e exigências irracionais, burocratas desinteressados, falta de recursos financeiros ou simplesmente ineficiência administrativa as impedem de ter acesso a direitos legalmente adquiridos [Reis, 1990:164].

Na análise das cartas, Reis alerta para alguns pontos que podem dialogar com esta pesquisa, como o fato de que, para quem relata, dramatizar o problema vivido pode ser uma forma de tocar o destinatário — e o valor estratégico da carta é justamente agregar pessoalidade em meio a um arcabouço burocrático e impessoal. A autora aponta ainda nas cartas características que ajudam na compreensão desse objeto, desde o mito da boa autoridade (que demonstra interesse em resolver o problema que lhe é apresentado) até a ideia de que direitos são vistos como favores, o que torna a obtenção desses direitos alvo da gratidão dos missivistas.

Como nas cartas ao ministro, as pessoas que procuram o ônibus também se sentem oprimidas por essas exigências da burocracia de um Estado que se configura diante delas como ilegível. Comumente, elas utilizam o termo "burocracia" no sentido pejorativo que ele tem no senso comum — como sinônimo de exigências excessivas, e por vezes descabidas, feitas pelas instâncias do Estado-sistema, exigências essas que atrasam a busca por direitos.

Muitas vezes, Clara, técnica do ônibus, me repassava relatos sobre exigências e erros dos cartórios. Um erro comum era a pessoa receber apenas o papel — a certidão de nascimento — sem o respectivo registro nos livros cartorários. Com isso, aquele documento dos cartórios, aparentemente perfeito, não tinha de fato lastro civil, ou seja, a pessoa nunca fora propriamente registrada. A nulidade do documento só vinha à tona quando seu dono precisava de uma segunda via — e aí descobria que, da primeira via, nunca houvera um registro oficial. Uma das principais responsáveis pelo atendimento no ônibus, dona de uma visão peculiar da forma como as questões eram resolvidas nos cartórios, me explicava em entrevista no dia 31 de março de 2017:

> Diziam para eles que tinha sido um erro, um equívoco do cartório. Diante de tantos erros, aqui brincamos que esse tal de Equívoco trabalha em vários cartórios.

Nesse sentido, esta pesquisa dialoga com o estudo de Ayuero (2011) sobre o atendimento a pessoas inscritas em programas sociais da prefeitura de Buenos Aires e sobre como elas eram submetidas à espera. Para Ayuero, as experiências dessas pessoas são conduzidas de modo a persuadi-las de que precisam esperar indefinidamente, sem reclamar, para obter acesso ao programa. Seu trabalho indaga que efeitos a espera longa e forçada produz naqueles que esperam e, especificamente, como a espera produz os efeitos subjetivos de dependência e subordinação. "Como a espera objetiva se torna submissão subjetiva?", indaga (Ayuero, 2011:8). De acordo com os relatos dos usuários do ônibus, o mesmo processo de transformar a espera objetiva em submissão subjetiva acontece nesses anos em que eles percorreram variados balcões em busca de documentos. A *síndrome do balcão* não apenas atrasa a obtenção de direitos; também fortalece nas pessoas sem documentos a submissão a um Estado-sistema onipotente diante delas e reforça a ideia de passividade na busca por direitos.

A espera, diz Bourdieu (2001:279), "é uma das maneiras privilegiadas de experimentar o poder e o vínculo entre o tempo e o poder". Fazer alguém esperar, portanto, é um exercício de dominação que implica a submissão daquele que espera. No caso das pessoas sem documento, a *síndrome do balcão* é construtora de uma espera submissa — que pode chegar ao ponto final quando o beneficiário recebe seu documento no ônibus, ou não, como mostrarei em capítulo posterior. Outra vez se consolida a ideia de uma cidadania diferenciada, "universalmente includente na afiliação e maciçamente desigual na distribuição de seus direitos" (Holston, 2013:258). De que modo um direito universal se transforma num direito desigualmente distribuído? Para os brasileiros que procuram o ônibus a fim de obter a certidão de nascimento, a cidadania diferenciada se reflete na ausência de vários direitos e na dificuldade de pessoas que, na busca por eles, esbarram na *síndrome do balcão*, que as obriga a esperar anos. Pude observar que os anos durante os quais esses brasileiros vivenciam a *síndrome do balcão* fazem com que eles se acostumem, na busca pela documentação, a um tipo peculiar de convívio com a ideia de cidadania: uma cidadania que percebe o Estado como uma sucessão de balcões, paralisada e paralisante, e que não soluciona o problema a ele apresentado. Acima de tudo, uma cidadania forjada numa espera que aponta para a submissão.

"Quem é seu responsável?": a cidadania mediada

Os relatos dos beneficiários do ônibus refletem ainda sua incapacidade de cumprir as exigências que lhes são apresentadas pelos cartórios ou por outros balcões — característica já observada por Pacheco (2017). Segundo a autora, pessoas sem registro de nascimento, por sua condição financeira, não têm como pagar advogado e se sentem incapazes de acompanhar um processo judicial por não conseguirem acompanhar as determinações do juiz sem que haja assistência de algum conhecido ou familiar. Durante todo o trabalho de campo, pude observar, nas pessoas sem documento, a necessidade de auxílio para cumprir o que era pedido, seja pela condição financeira, seja pela baixa escolaridade, que dificultava o entendimento das solicitações judiciais. Muitas tinham dificuldade em fornecer nomes, dados, datas ou em relatar a própria trajetória numa linha organizada.

Observei também a presença constante de mediadores, indivíduos que, por motivos pessoais, como amizade e parentesco, ou função profissional, ajudavam as pessoas que buscavam seus documentos. Os mediadores são tão comuns que, nas audiências, é frequente os juízes indagarem, mesmo a adultos, questões como: "Quem é seu responsável?" ou "Quem trouxe o senhor?". Responder a essas perguntas é mais um passo para reconstituir o caminho desses adultos sem documento até o ônibus da Praça Onze. A juíza Esther, em entrevista concedida a mim no dia 28 de julho de 2017, referiu-se a esses mediadores como *tutores sociais*, expressão que se impõe como categoria nativa que passo a incorporar. Esses tutores indicam ao adulto sem documento como funciona o serviço no ônibus da Praça Onze e tomam para si a responsabilidade de acompanhar aquele caso. Ainda de acordo com o relato da juíza, a importância do *tutor social* cresce ainda mais diante da observação de que, para aquelas pessoas em situação de pobreza ou extrema pobreza, uma exigência que parece simples para alguém documentado — trazer a segunda via de um documento — se transforma numa tarefa maior do que elas.

Ao longo do trabalho de campo, observei dois grupos principais de *tutores sociais*: o que transita pela esfera privada da pessoa indocumentada e o que transita pela esfera pública, ligada a representações do Estado-sistema (Abrams, 2006). Na esfera pública, destaco alguns desses mediadores: os comitês de acesso à documentação criados nos municípios e uma série de órgãos públicos, como a Defensoria Pública, as secretarias de Assistência Social do Rio e de municípios vizinhos, além de ONGs. Pude constatar que a maior parte dos usuários vem encaminhada pelos comitês municipais de acesso à documentação e pela Defensoria Pública, e é neles que passo a me deter agora.

Durante o período da pesquisa de campo, obtive informações sobre o trabalho dos comitês de acesso à documentação dos municípios de São João de Meriti e Belford Roxo, ambos na Baixada Fluminense, e surgidos no âmbito da política nacional de acesso à documentação. Antes deles, porém, é necessário relembrar a criação do Comitê Gestor Estadual de Políticas de Erradicação do Sub-registro Civil de Nascimento e Ampliação do Acesso à Documentação Básica do Rio de Janeiro, daqui por diante chamado apenas de Comitê Estadual. Segundo Brasileiro (2017), o Comitê Estadual foi instituído pelo Decreto nº 43.067, de julho de 2011, e seus membros, empossados um ano depois. É coordenado pela Secretaria de Estado de Assistência Social e Direitos Humanos e composto por representantes de vários órgãos estaduais e da sociedade civil.[7] Em texto de avaliação sobre a atuação do comitê, Brasileiro (2017:54) relata o plano de trabalho a partir de quatro estratégias, assim definidas pela autora: "secar o chão", ou seja, providenciar a documentação de pessoas que nunca haviam sido registradas ou que precisavam da segunda via da certidão de nascimento; "fechar a torneira", que seria a construção de estratégias permanentes para universalizar o registro de nascimento; "organização interna", a

---

[7] Compõem o Comitê Estadual as secretarias estaduais de Educação, Saúde, Fazenda, Segurança, Administração Penitenciária, Planejamento e Casa Civil, além do Tribunal de Justiça, do Ministério Público e da Defensoria Pública. Pela sociedade civil, participam as seguintes instituições: Associação dos Registradores de Pessoas Naturais (Arpen-RJ), Associação dos Notários e Registradores (Anoreg-RJ), Conselho Regional de Serviço Social, Organização Cultural Remanescentes Tia Ciata, Instituto Nelson Mandela e União Nacional dos Dirigentes Municipais de Educação (Undime). O Fundo das Nações Unidas para a Infância (Unicef) participa como convidado (Brasileiro, 2017; Marinho, 2017).

própria estruturação do comitê; e capacitação, divulgação e produção de materiais.

Brasileiro (2017:55) relata também como o Comitê Estadual estimulou a criação dos comitês municipais, a partir de encontros e visitas aos 30 municípios fluminenses com maiores índices de crianças sem registro de nascimento. Em 2017, havia, segundo a autora, 13 comitês municipais instalados, sendo que cinco ficavam em cidades definidas pelo governo federal como prioritárias. Ressalto aqui dois pontos: o fato de as prioridades serem apontadas com base nos dados do Censo de 2010, já citados aqui, que indicavam a existência de aproximadamente 600 mil crianças sem registro no Brasil; e o fato de não haver dados disponíveis sobre adultos, tema desta pesquisa. O trabalho dos comitês municipais, analisa Brasileiro (2017), foi fundamental para a descentralização do projeto de acesso à documentação. Os comitês se encarregaram do trabalho de busca ativa, tentando identificar naquele município crianças e adultos sem documentação; também realizavam mutirões, com a ajuda da Justiça, para emissão de documentos. Brasileiro (2017:58) não deixa de perceber que a atuação desses comitês era, muitas vezes, atravessada pelas questões partidárias locais:

> Os comitês municipais de sub-registro têm sua construção e funcionamento altamente permeados pela política partidária local. Muitas vezes, o clientelismo e a luta por terrenos eleitorais se sobrepuseram ao trabalho, retardando ou apressando a posse de membros de determinado comitê. Alguns mutirões de emissão de documentos realizados por comitês também foram atravessados por essa dinâmica, seja na escolha do bairro a ser contemplado, seja nas datas dos eventos ou na definição de parceiros.

A atuação dos comitês não é o foco desta pesquisa. O resultado de seu trabalho aparece, porém, como um dos caminhos pelos quais pessoas adultas sem documento chegavam ao ônibus em busca de seu registro de nascimento. Procurados por essas pessoas, muitos comitês apresentaram respostas além do "esse problema não é com a gente" e se tornaram fundamentais no encaminhamento dos indocumentados até o ônibus.

Durante a pesquisa de campo, entrevistei vários brasileiros sem documento levados ao ônibus pelo comitê de São João de Meriti, aquele cuja funcionária conceituou a *síndrome do balcão*. As pessoas atendidas seguiam até a Praça Onze em ônibus ou vans e recebiam lanche. No dia 11 de novembro de 2016, Liliane desceu do ônibus pago pela prefeitura de São João de Meriti, atravessou o pátio com quatro de seus seis filhos e subiu no ônibus da Justiça Itinerante para a audiência. Liliane era o que a assistente social do município classificou como um caso de "extrema vulnerabilidade". Só sabia informar seu prenome, não tinha pais vivos nem contato com os irmãos. Analfabeta, não sabia a própria idade nem a data de nascimento. Na audiência com a juíza e o promotor, mal conseguia falar e parecia não entender o que lhe era perguntado. Não tinha, segundo seus filhos, nenhuma deficiência de cognição ou entendimento; apenas não compreendia o vocabulário, os personagens, as questões formuladas. Liliane não tinha trabalho fixo e ganhava alguns trocados capinando quintais no bairro. Os filhos também sobreviviam de pequenos trabalhos, bicos em construção civil. Só o mais velho, Henrique, fora registrado pelo pai, sem o nome de Liliane na certidão de nascimento.

Nas anotações que fiz sobre essa audiência, registrei o momento em que acabei interferindo na identificação de Liliane. A juíza, o promotor e a defensora pública precisavam de algum dado aproximado sobre a idade de Liliane, mas ela nada sabia dizer. Não fazia ideia de quantos anos tinha, o que criava uma dificuldade para que fossem feitas buscas nos cartórios da região onde ela dizia ter nascido a fim de confirmar se ela não fora mesmo registrada. Sugeri que lhe perguntassem com quantos anos ficara grávida. Catorze, ela me respondeu. Entendera perfeitamente. Como Henrique, seu primogênito, tinha 31 anos, segundo seu registro de nascimento, inferia-se que ela teria aproximadamente 45 anos, minha idade na época. Por mais de uma vez minha observação participante se tornou, de fato, participação observante, e registro a entrevista de Liliane como um desses momentos. Mesmo sem data exata, ela foi registrada com data de nascimento arbitrariamente estipulada em 1º de janeiro do ano calculado como tendo sido o de seu nascimento.

Outro comitê que levava muita gente ao ônibus da Praça Onze era o de Belford Roxo, ligado à Fundação de Desenvolvimento Social de Belford Roxo (Funbel) e à Secretaria de Assistência Social e Direitos Humanos do município. O serviço municipal providenciava transporte e lanche, e o transporte permanecia na Praça Onze até o fim do atendimento, a fim de levar as pessoas de volta à Baixada. Foi esse comitê que, procurado por Valderez, em caso relatado em capítulo anterior, localizou a primeira via de sua certidão de nascimento. De posse dos nomes dos pais de Valderez, o comitê buscou nos bancos de dados do Departamento de Trânsito (Detran-RJ) outras pessoas registradas como filhas do mesmo casal. Esse trabalho permitiu que Valderez reencontrasse uma irmã de quem se separara havia 21 anos.

Para proteger meus interlocutores, não identificarei os funcionários dos comitês nem os municípios para os quais eles trabalhavam. Depois da eleição para prefeito em 2016, alguns mencionaram o risco de que o trabalho fosse suspenso com a mudança do grupo político que controlava a administração municipal. "A gente não sabe se o trabalho vai continuar", me confidenciavam, e eu lembrava a análise de Brasileiro (2017) sobre a influência político-partidária local nos comitês. Um funcionário de um desses comitês, que chamarei de João, disse que muitos candidatos a vereador os procuravam com o objetivo de descobrir se os comitês também emitiam títulos de eleitor. Outros tentavam obter os endereços das pessoas sem documentação para tentar capitalizar como sendo deles o resultado da obtenção da certidão de nascimento. "Mas, quando eles veem a dificuldade que é para registrar um adulto, já vão logo embora. Candidato quer alguém com título, e rápido, a tempo de votar neles", resumiu João. Deixo registrada uma cena que presenciei em 17 de fevereiro de 2017: um candidato a vereador num município da Baixada Fluminense, agora coordenador de projetos de cidadania da prefeitura e do comitê, tirava fotos com quem saía do ônibus com a certidão de nascimento. As pessoas, por sua vez, agradeciam a ele o sucesso na busca pelo documento — num entendimento que transforma o direito em favor concedido por uma autoridade benevolente, e que se repetiu muitas e muitas vezes no ônibus.

Em 9 de setembro de 2016, assisti à entrevista realizada pela assistente social do ônibus com Elizabeth, uma mulher que vivia no Jardim Nossa Senhora das Graças e queria a segunda via de sua certidão de nascimento. Para uma pessoa documentada e com algum recurso financeiro, moradora de uma zona urbana, tirar a segunda via de uma certidão de nascimento é simples: vai-se ao cartório e paga-se pela segunda via, que sai naquele mesmo dia. Elizabeth, porém, sofria para obter o que os especialistas do ônibus chamavam de *segunda via inacessível*. Ela fora registrada na Paraíba quando criança, mas nunca tirara os outros documentos. Quando perdeu a via original da certidão de nascimento, tornou-se invisível como alguém que nunca tivesse sido registrado. Não tinha dinheiro para ir à Paraíba. Quando, num cartório, solicitava a segunda via, diziam-lhe que só o estabelecimento onde fora registrada podia emitir a segunda via. A *segunda via inacessível* não é tema desta pesquisa, mas abordo esse caso pela dificuldade que a emissão de uma segunda via traz ao cidadão que pena pelos balcões e, principalmente, pela forma como Elizabeth chegou até o ônibus da Praça Onze.

A seu lado estava uma mulher identificada pela própria Elizabeth como "assistente social de candidato". A assistente social não me deu seu nome nem de que município vinha, o que constrangeu Elizabeth dali por diante e dificultou nossa conversa. Pelo que pude entender, Elizabeth, embora não tivesse título de eleitor, poderia conseguir votos para aquele candidato em sua região. Ao observar, no trabalho de campo, tanto o resultado do trabalho dos comitês quanto a atuação de cabos eleitorais, esta pesquisa dialoga com a análise de Kuschnir (2000) sobre as relações que Marta, uma vereadora do subúrbio do Rio de Janeiro, constrói com seu eleitorado a partir de uma atuação contínua que a própria parlamentar caracteriza como "atendimento" — oferta de serviços médicos, encaminhamento de demandas ao poder público, busca por empregos, vagas de escola e solução de problemas cotidianos. Para Marta e seu grupo, relata a autora, o vereador tem de fazer esse tipo de "atendimento", e Kuschnir (2000) explica o motivo: o entendimento de que a política é um meio para que o cidadão comum tenha acesso a direitos, ou seja, as pessoas "ajudam" o vereador votando nele e esperam ser recompensadas com tais acessos.

No ônibus, a assistente social do candidato fala de seu trabalho como uma forma de ajudar Elizabeth a obter acesso à documentação, assim como o candidato a vereador transformado em secretário diz entender que seu trabalho é uma forma de garantir direitos. Muitas vezes perguntei às pessoas sem documento transportadas nos ônibus de prefeituras se lhes era pedida alguma forma de compromisso eleitoral, na linha "vamos ajudar você a obter documento e você vota conosco". Nunca ouvi uma resposta explícita, talvez pelo fato de o título de eleitor, para quem não tem registro de nascimento, ser uma perspectiva ainda longínqua: antes do título, é preciso ter o registro de identidade. Kuschnir (2000) dialoga com as reflexões de Mauss (1988) sobre a dádiva para entender a lógica de atendimento realizada pela vereadora como um sistema de distribuição de favores a fim de manter a autoridade. Do mesmo modo, o candidato a vereador que controla o comitê municipal, assim como a assistente social de candidato, aciona a lógica de oferecer serviços e dar acesso a direitos — em tese, universais, mas, na prática, diferenciados, como lembra Holston (2013) — como forma de operar politicamente na comunidade. São mediadores dos acessos da população a benefícios e serviços públicos.

Órgãos públicos, como a Defensoria Pública e as secretarias municipais de Assistência Social, têm papel fundamental nos encaminhamentos que chegam ao ônibus da Praça Onze. Também são balcões procurados por quem precisa obter o registro de nascimento. No entanto, nem uma nem outras têm condição de, sozinhas, fornecer o primeiro registro de nascimento a um adulto jamais registrado. Como aprofundarei em capítulo a seguir, esse poder é exclusivo da Justiça — o que acaba fazendo com que defensorias, secretarias e órgãos públicos não consigam solucionar a demanda de quem os procura com esse fim. Uma solução possível para não prolongar o balcão é encaminhar as pessoas a serviços judiciais capazes de tomar a decisão final sobre o registro — como o ônibus da Praça Onze.

"Mulher não precisa de registro": as tutoras em ação

Ao longo da pesquisa de campo, pude observar, como já comentado, o fato de que adultos sem documento, além do encaminhamento de um órgão público, muitas vezes precisavam de um acompanhante que, do mesmo modo, funcionava como um responsável, um *tutor social*, mas oriundo de suas relações pessoais. Uso aqui a expressão *tutor social* como uma categoria nativa, mas é preciso esclarecer que esse tipo de tutoria não tem relação com a curatela formal, que dá ao curador amplos poderes sobre aquele por quem é responsável. Aqui, trata-se de uma tutoria informal, que pode — no caso dos filhos menores ou presos — se transformar em curatela formal. Nesse grupo de *tutores sociais*, destacam-se ascendentes e descendentes diretos (pais, mães, filhos, filhas, netos, netas, avós, irmãos) ou próximos, como primos, além dos amigos e vizinhos. Esses mediadores do círculo privado são fundamentais na busca pela documentação. São eles que, sozinhos ou por indicação de outras instâncias da esfera pública, descobrem o serviço do ônibus, levam a pessoa sem documento até o local, ajudam com o dinheiro do transporte, fazem companhia em novas diligências solicitadas e, muitas vezes, assumem a responsabilidade de fazer com que o usuário volte ao ônibus.

Não previ fazer nesta pesquisa um recorte de gênero, mas o leitor perceberá a predominância feminina entre as pessoas entrevistadas, e o gênero acabou se impondo como categoria que auxilia a pensar a questão da ausência de documentação. Nesse sentido, a sociologia brasileira tem, na discussão sobre gênero e trabalho, percurso de mais de meio século, desde as primeiras pesquisas de Blay (1978), passando por Castro e Lavinas (1992) e Heilborn e Sorj (1999), às quais foram sendo agregados instrumentos analíticos para a compreensão de especificidades de etnia e posição na família. Os estudos de *care* (Hirata, 2015; Hirata e Kergoat, 2007; Hochschild e Ehrenreich, 2004; Santos, Y., 2017) mostram como relações sociais e familiares reproduzem desigualdades de gênero, permitindo analisar de que forma mulheres em condições precárias atuam cotidianamente na vida de pessoas em situação de vulnerabilidade e dependência. No Brasil, políticas públicas como o Bolsa Família e o Benefício de Prestação Continuada têm focalizado esse papel da mulher como decisivo em seu núcleo familiar e social (Rego e Pinzani, 2014; Marins, 2014), bem como na administração dos recursos financeiros advindos desses programas. Estudos recentes na área do *care* interpretam a dimensão feminina do papel das cuidadoras, profissionalizadas ou não. Tais análises mostram como essas mulheres atuam nas esferas pública e privada, reconfigurando relações e agindo de modo decisivo para que as pessoas assistidas superem ou pelo menos confrontem a situação de vulnerabilidade e dependência (Georges e Santos, 2014).

Thurler (2006, 2009) e Brasileiro (2008) destacam o papel das mulheres e alertam para um ponto basal na formação do sub-registro infantil: a recusa ou o desinteresse paterno em registrar a criança. Em diálogo com esses estudos, pude observar esse mesmo tipo de ausência paterna como fator decisivo para o sub-registro de adultos que chegavam ao ônibus em busca da certidão de nascimento. Do mesmo modo, sem a figura masculina, era comum que mulheres, muitas sem documento, fossem as responsáveis por toda a família, em consonância com estudos na área. A partir de dados do IBGE, Cavenaghi e Alves (2018) mostram que, de 2001 a 2015, o número de famílias chefiadas por mulheres dobrou em termos absolutos, aumentando 105%: passou de 14,1 milhões para 28,9 milhões. No mesmo período, o número total de famílias no país aumentou 39%, e o de famílias chefiadas por homens, apenas 13%.

No ônibus, eram mulheres que assumiam a responsabilidade por buscar documentos para pessoas próximas, evidenciando a responsabilidade socialmente atribuída à mulher pelos diversos cuidados com a família. No papel de *tutoras sociais*, mães, avós, filhas, irmãs, tias, madrinhas, amigas e vizinhas tomam para si a tarefa de buscar o documento de uma pessoa de sua convivência.

Quando conheci Fátima, no dia 30 de setembro de 2016, ela era a responsável por um domicílio no qual viviam três gerações de mulheres sem documento: a própria Fátima, as filhas Monique e Fernanda e as filhas das duas. De família muito pobre, vinda de Minas, Fátima contou que sua mãe perdeu os documentos numa enchente e nunca conseguiu voltar à terra natal para conseguir uma segunda via. Segundo Fátima, seu pai morreu quando ela era criança. Sem documentos, não conseguiu registrar as filhas.

Moradora da comunidade Gardênia Azul, na região de Jacarepaguá, zona oeste do Rio, Fátima chegou ao ônibus por intermédio do conselho tutelar de sua região. Contou ter procurado a Fundação Leão XIII,[8] órgão do governo do Rio de Janeiro que atua na área de assistência social. Lá recebeu um papel que entendeu ser uma certidão de nascimento, mas não era. O papel, que trazia informações básicas sobre Fátima, como seu nome e os de seus pais, declarados por ela e sem comprovação oficial, não tinha valor legal. Era, na verdade, um pedido de isenção — uma requisição para que a portadora pudesse dar seguimento, sem custos, ao processo de obtenção da documentação. A história de vida de Fátima expõe um problema relatado por diversos usuários do ônibus que procuraram a Fundação Leão XIII e lá obtiveram um papel que em tudo parecia uma certidão de nascimento. Quando, de posse desse papel, tentaram tirar a identidade,

---

[8] A Fundação Leão XIII é vinculada ao governo do estado do Rio. Atua na assistência social aos grupos populacionais de baixa renda, principalmente em favelas, conjuntos habitacionais e áreas periféricas. Costuma participar de mutirões de ação social, ao lado de outros órgãos, para facilitar o acesso a documentos.

souberam que ele não tinha validade legal. Idealizada menos como fraude e mais como forma de não deixar de atender quem chegava ao balcão da Leão XIII, aquela certidão era muito aceita em escolas e estabelecimentos hospitalares do Rio. Cumpria o objetivo de facilitar o acesso imediato de seu portador a alguns direitos. Não tinha, porém, valor legal nem permitia a emissão de novos documentos com base em suas informações — e, quando o portador percebia isso, sentia-se logrado. Em suas palavras:

> Eu me sinto como um nada. A gente sem documento não existe, é uma vida assim de improviso. Pensei que esse papel tinha valor, agora dizem que não tem. O Estado nunca deixa você ter as coisas se você não provar que você é você mesmo [Fátima, 57 anos].

Ao mesmo tempo que formaliza sua ideia de si como alguém sem documentos ("um nada", "uma vida de improviso"), já abordada em capítulo anterior, Fátima expõe sua ideia de Estado (que "nunca deixa você ter as coisas") e expressa a dificuldade que lhe é imposta ("se você não provar que você é você mesmo"), tema do capítulo seguinte desta pesquisa.

Cristiane, Rita e Fátima, assim como outras entrevistadas ao longo da pesquisa de campo, permitem afirmar que, na busca pela documentação, mulheres são as protagonistas, ainda que, ao longo da vida, tenham sido continuamente alvo da negação de direitos. Suas trajetórias são marcadas pela pobreza e também pela exclusão de gênero, como emprego precário, violência doméstica, salários menores e acesso diferenciado a direitos apenas por serem mulheres. Nesse aspecto, é explícito o relato de Monique, de 31 anos, que entrevistei em 26 de maio de 2017. Negra, analfabeta, moradora de Duque de Caxias, Monique queria a certidão de nascimento — o documento para tentar um emprego com carteira assinada. Contou-me que seu pai e sua mãe tinham documentos, mas nunca a registraram. Perguntei o motivo:

Meu pai e minha mãe tiveram três homens e cinco mulheres. Mas meu pai só registrou os homens. Dizia sempre, me lembro bem: "Mulher não precisa de registro" [Monique, 31 anos].

"Mulher não precisa de registro." Guardei a frase e a trajetória de Monique entre minhas anotações para me lembrar de refletir sobre ela cada vez que encontrava uma mãe, uma avó, uma irmã, uma vizinha como protagonista dessa busca por um lugar de legibilidade e de justiça. Dados do relatório *Leaving no one behind: CRVS, gender and the SDGs*, elaborado pela ONG internacional Centre of Excellence for Civil Registration and Vital Statistics Systems (Buvinic e Carey, 2019), mostram que, em termos globais, o acesso ao conjunto da documentação é marcado por diferenças de gênero, sendo mais difícil para as mulheres. Não há um *gap* significativo quando se trata da certidão de nascimento, mas a diferença vai aumentando no acesso a outros documentos, como a carteira de identidade.

Das (2011) e Vianna e Farias (2011) alertam que, num Estado-ideia de configuração eminentemente masculina, em que as relações de gênero se apresentam cotidianamente, configura-se como feminina a construção de uma insurgência que dá voz à dor e expõe danos. Em estudo sobre mães de pessoas mortas pela polícia no Rio de Janeiro, Vianna e Farias (2011:93) mostram como essa dimensão do feminino se apresenta:

> As "mães" tornadas protagonistas políticas, capazes de englobar simbolicamente todos os outros ativistas do mesmo movimento, sejam familiares ou não de vítimas, homens e mulheres, falam, assim, de uma insurgência política definida em estreitas conexões com as construções — sempre em processo — de gênero.

Do mesmo modo, no ônibus, o protagonismo feminino era explícito, num trabalho social de resiliência e testemunho, mas também de cobrança por direitos. A pesquisa de campo foi revelando outras *tutoras sociais* dos homens de suas famílias. Quando mães faltam, filhas, irmãs e avós assumem a responsabilidade. Maria Cristina levou o pai, Severino, caseiro de um sítio em Magé. Aos 75 anos, ele vivia sem documentos. Natural da Paraíba, acreditava, sem certeza, ter sido registrado pelos pais em algum cartório da região de Campina Grande. Severino gostava de contar, mostrando as mãos muito marcadas, que sempre trabalhou na roça. Veio da Paraíba para o Rio ainda jovem, com os pais, mas não se lembrava de algum dia ter usado ou apresentado um documento. Em Magé, era caseiro do mesmo sítio havia 32 anos, 28 com o mesmo patrão. Não registrou os filhos, que, adultos, foram registrados apenas com o nome da mãe. Agora, já entrado na idade, precisava do registro de nascimento para tentar se aposentar. Queria também a carteira de trabalho: "Esse aí é que é documento", dizia.

Sua filha, Maria Cristina, contou que, ao saber que ela organizaria a documentação do pai, o patrão dele perguntou: "Você quer me complicar, né?". A complicação apontada pelo patrão, relatou Maria Cristina, era a possibilidade de que, documentado, Severino movesse uma ação judicial cobrando direitos trabalhistas. A história de vida de Severino é exemplar da reflexão sobre a cidadania diferenciada de que fala Holston (2013): em tese, universal; na prática, restrita.

Em outro caso, o abandono materno fez Isabelle assumir a responsabilidade por Paulo, seu irmão por parte de mãe. Entrevistei ambos no ônibus, em 17 de fevereiro de 2017, quando esperavam na fila de atendimento. Quando crianças, os dois foram deixados com uma tia. A mãe era dependente química e passava longos períodos desaparecida, segundo o relato feito a mim por Isabelle:

> O que a gente soube é que a nossa mãe tinha uma vida errada. Que fugiu do hospital com o Paulo pequenininho. Ela ia e vinha. Deixava a gente com alguém e ia pra rua. Ela está viva, mas pra vir aqui no ônibus vai ser fogo, a gente nem tem contato com ela [Isabelle, 25 anos].

Isabelle, mais velha e já crescida, foi registrada pelo pai. O pai de Paulo, porém, morreu quando este era criança, e o menino cresceu sem documentação. Nunca foi à escola e aprendeu a ler com as aulas particulares da irmã e de uma explicadora contratada pela família. Trabalhava fazendo bicos, biscates como ajudante de obra, e entrou num grupo de luta, na modalidade esportiva do MMA. Às vezes, o grupo viajava e ele não podia ir, porque não tinha documentos. Quando os dois irmãos chegaram ao ônibus, Paulo achava que conseguiria resolver tudo ali naquele mesmo dia e viajar com seu grupo de luta. Seu caso foi atendido por dra. Esther, a juíza que foi minha primeira interlocutora no acompanhamento do trabalho realizado pelo ônibus e de quem falarei em detalhes no próximo capítulo. Dra. Esther explicou aos irmãos que, como o pai de Paulo tinha morrido, precisava da presença da mãe ou pelo menos da tia, de alguém que testemunhasse. Quando entendeu que viveria mais alguns dias sem documento, Paulo caiu num choro intenso, ali mesmo, na frente de todo mundo, sem disfarçar nem conter as lágrimas. Quem estava perto estranhou ver aquele rapagão chorando como criança. Ele explicou:

> Podia ser mais fácil, não é? Eu já perdi tanto por não ter um documento... Faz muito tempo que estou perdendo, minha vida vai passando, não consigo ter carteira assinada, um emprego decente, você não consegue ser nada na vida [Paulo, 23 anos].

Dra. Esther conseguiu acalmá-lo marcando para dali a 15 dias uma nova audiência. Os irmãos compareceram na data marcada e levaram a tia, pois não foi possível localizar a mãe. Muitas vezes, voltei a conversar sobre o caso de Paulo com dra. Esther, que também guardara a cena do choro do lutador de MMA. A juíza entendia que o abandono materno, embora dificultasse o registro, não podia impedir Paulo de ter o direito ao documento. Em sua avaliação, é possível e preciso compreender os rearranjos familiares decorrentes de situações como aquela, e a presença de irmãos e parentes tinha de ser considerada.

No caso de Paulo, a irmã Isabelle, que ao longo da vida assumira a responsabilidade pelo irmão, funcionava como *tutora social*.

Destaco ainda que, em face do Estado de configuração eminentemente masculina verificado por Vianna e Farias (2011), o ônibus se apresenta como um ponto de inversão. Na distribuição de tarefas, trabalho e poder, o Estado dentro do ônibus é feminino. Há homens, há juízes, promotores e técnicos trabalhando, mas a cadeia de organização, processamento e decisão é feminina, como o leitor tem observado ao longo do livro. Da triagem à emissão da certidão, passando pela busca em cartórios, pelas entrevistas e pelas decisões judiciais, mulheres estão no centro da tomada de decisões: são técnicas, escrivãs, assistentes sociais, defensoras públicas, promotoras e juízas a alma do trabalho do ônibus.

Outro caso que representa bem a figura da *tutoria social* é o de Isaías, morador de São Gonçalo. Numa configuração rara entre as que encontrei no ônibus, marcadas pela *tutoria* feminina, Isaías teve não uma *tutora*, mas um *tutor* pela vida inteira: o primo Márcio, que nasceu na mesma época que ele. Entrevistei os dois no dia 31 de março de 2017, enquanto aguardavam atendimento ao lado da mãe de Isaías, Maria Tereza. Márcio, que era quem falava em nome da família, resumiu a história assim: Maria Tereza teve complicações no parto de Isaías, entrou em coma e quase morreu. O bebê não foi registrado. Maria Tereza voltou para casa e deixou para depois o registro da criança. Mais ou menos na mesma época, uma irmã de Maria Tereza teve Márcio, registrado nos conformes da lei. Os primos cresceram em casas vizinhas, Márcio registrado, Isaías sem registro. Na hora da escola, Márcio foi aceito e Isaías entrou de favor, porque a diretora conhecia a família. O tempo foi passando, e Isaías cresceu sem registro de nascimento. Alguns anos depois, a escola passou a exigir a certidão de nascimento do menino que se tornara adolescente sem ter qualquer documentação. Isaías parou de estudar, Márcio seguiu.

O pai de Isaías teve câncer, e, por muito tempo, Maria Tereza se ocupou dos cuidados com o marido, que acabou morrendo. Isaías, um adulto sem documentação, passou a viver de pequenos trabalhos e da ajuda da mãe, pensionista do INSS depois da morte do marido. Registrar o rapaz, agora adulto, se tornou uma tarefa quase impossível. A família foi a vários cartórios, sem sucesso. Isaías nunca soube o dia do seu aniversário. Comemorava junto com o primo Márcio, pois os dois haviam nascido na mesma época. Isaías pouco falava, Márcio era conversador. Contou que sempre tentou ajudar o primo a se registrar, mas nunca conseguiu: "São anos nessa luta". Voltei a entrevistar Márcio no dia 8 de agosto de 2018 e perguntei por Isaías. O *tutor* respondeu que ele conseguira o registro, mas não tirara os outros documentos nem registrara a filha. "Ele é muito parado. Estou muito ocupado esses dias, mas vou arrumar um tempo e resolver isso com ele."

Durante a pesquisa de campo, pude observar a relevância da figura desse *tutor social*, mãe, pai, avó, amigo, parente ou contraparente, vizinho ou mesmo um conhecido que se dispunha a ajudar. No dizer da juíza Esther, esse *tutor social*, na verdade, ajuda a reconfigurar a ideia de família, num vínculo construído no cotidiano e sem obrigatória ligação de parentesco.

Por outro lado, a necessidade de um *tutor social* é mais um traço da frequente dificuldade desse adulto sem documento de lidar, ao longo de tantos anos, com a continuada negação de direitos. O sub-registro permanece um problema associado à exclusão social e à cidadania diferenciada a que uma parcela da população brasileira é submetida. A baixíssima escolaridade, a falta de dinheiro, o subemprego e a péssima condição financeira e social, muitas vezes em condições de miséria e doença, acabam transformando o adulto sem documento num cidadão pouco autônomo e com baixa capacidade de inserção no mundo do trabalho. É o resultado de uma cidadania construída na negação de direitos ou no acesso marginal a eles; uma cidadania passiva, paciente, forjada na *síndrome do balcão*, e que não tem pressa para assegurar direitos alheios.

De *checkpoint* a ponto de chegada: o lugar do ônibus

Cristiane, Maria, Fátima, Paulo e Rita, assim como a maioria das pessoas atendidas no ônibus, chegaram até lá depois de uma longa busca, marcada pela espera, pela ida a vários cartórios — a *síndrome do balcão* — e pela falta de informações sobre como obter, já adulto, o registro de nascimento. Nesse sentido, o ônibus da Justiça Itinerante pode ser entendido como um *checkpoint*, uma zona de fronteira onde o cidadão receberá o documento que o tornará legível aos olhos do Estado. Em estudo sobre os refugiados do Sri Lanka, Jeganathan (2004:74) afirma que o *checkpoint* é um estabelecimento que integra uma arquitetura epistemológica, na qual o posto que concede ou checa documentação é, na realidade, um lugar de sentido, onde as vidas são escrutinadas e o que as pessoas dizem é considerado ou não verdade para, a partir da versão aceita e oficializada, ser concedido a cada indivíduo um documento que se tornará chave para acesso a direitos num Sri Lanka marcado pela guerra.

Numerosos estudos permitem refletir sobre identidade, imigração e documentação. Sayad (1998) mostra como a ideia, a condição do imigrante e seu estatuto como tal estão intimamente relacionados à sua condição social, e essa condição é associada à invisibilidade social e como pessoa. Gonzales e Chavez (2012) analisam etapas de separação, transição e incorporação de novas experiências de imigrantes mexicanos que cruzam ilegalmente a fronteira americana, mostrando também como se estabelecem sem documentação no novo país e constroem suas experiências. Veron (2017), em estudo etnográfico sobre imigrantes indocumentados na Argentina, na França e no Canadá, analisa a construção da fronteira como um lugar de separação e os efeitos de sentidos expressados por quem vive na clandestinidade. Drotbohm (2017), em análise etnográfica sobre migrantes de Cabo Verde, mostra como todo o processo de obtenção de vistos se constrói dentro da administração burocrática estatal de forma porosa e seletiva, criando diferenças e selecionando cidadãos que se tornem elegíveis para obter a documentação. Além de entender as formalidades e os requerimentos, os candidatos a migrar precisam se submeter a julgamentos morais, e os documentos necessários passam por um processo de fetichização que os transforma em objetos de desejo.

É também profícua a linha de investigação sobre a representação discursiva de imigrantes, com e sem documentação, nos meios de comunicação (Hernández, 2010; Van Dijk, 2006; Lirola, 2008, 2014, 2017). A opção desta pesquisa, porém, não é analisar o discurso midiatizado sobre pessoas sem documento, mas sim, pelo aporte etnográfico, observar a forma como essas pessoas tomam a palavra e falam de si e de suas vidas, expressando vivências e experiências. Outra diferença é que esta pesquisa não analisa a situação de imigrantes: seu foco são brasileiras e brasileiros sem documento dentro de seu próprio país, em uma condição que se associa à pobreza e às dificuldades com as instâncias estatais. Os invisíveis de que trata este livro não são estrangeiros, mas brasileiras e brasileiros indocumentados em seu país, e refletir sobre tal condição é uma das contribuições que esta investigação deseja oferecer para a formulação de políticas públicas sobre o tema.

Apesar dessas diferenças, há diálogos possíveis na situação de imigrantes indocumentados e brasileiros indocumentados. Como a zona de fronteira no Sri Lanka, o ônibus da Justiça Itinerante é um *checkpoint*: para lá converge uma longa busca por legibilidade e reconhecimento, e destaco nesse sentido a atitude que presenciei, da parte de todos os funcionários do serviço, quando um usuário lhes perguntava se ali era o lugar certo para obter o documento. Em vez de "não é com a gente, você tem de procurar em outro lugar", a resposta era: "É aqui com a gente, vamos resolver seu caso". O conceito de burocracia escapa ao sentido que lhe é atribuído pelo senso comum — e que encontra lastro na ideia da *síndrome do balcão* — e se reapresenta no sentido weberiano de uma forma de administração racional-legal, marcada pela distribuição de atividades regulares, pela especialização de funções e pela adoção de um método de trabalho a ser seguido no intuito de garantir direitos e deveres. Bourdieu (1996), ao sociologizar a constituição do campo burocrático, propõe reformular a proposição de Weber segundo a qual o Estado é uma comunidade humana que reivindica com sucesso o monopólio do uso da violência física em determinado território. Na reformulação de Bourdieu, o Estado reivindica com sucesso o monopólio da violência física e simbólica e se torna detentor de um metacapital que lhe permite exercer poder sobre os outros campos. O controle dos atos de nomeação é parte desse metacapital, numa divisão especializada de trabalhos e funções.

O ônibus tem funcionários especializados em localizar registros perdidos e pesquisar outras formas de identificação. Pude observar e sintetizo agora, por entender ser relevante para esta pesquisa, o passo a passo do trabalho burocrático para a emissão do registro de nascimento de um adulto. A rotina começa na triagem: quem chega se dirige à funcionária responsável, dá o nome e diz o que procura. Caso não seja o registro de nascimento e sim outro documento, a funcionária já encaminha a pessoa a outro endereço, pois o ônibus é especializado e exclusivo para registro de nascimento. O passo seguinte é chamar quem está na fila, um a um, para entrevistas com as assistentes sociais ou psicólogas do serviço, em que o cidadão relata aquilo de que precisa, dá nome, dados, endereço e telefone de contato. Ao fim dessa conversa, a funcionária preenche uma ficha intitulada "História de vida", resumindo a vida da pessoa, por que não tem documentos, se e onde estudou, indicando os nomes e as idades de pais e irmãos. Essa ficha acabou me inspirando a adotar também, em diálogo com a observação participante, o recurso a histórias de vida, distribuídas ao longo da pesquisa.

Depois da entrevista, a pessoa que está sendo atendida vai para a mesa da Defensoria Pública, que também participa do trabalho no ônibus. A Defensoria Pública inicia, em nome daquela pessoa indocumentada, um processo judicial de requisição de registro tardio. Destaco a situação que se cria a partir daí: o fato de uma pessoa sem documentos e até então sem identidade legalmente reconhecida se tornar titular de um processo judicial diante do Estado que até aquele momento não havia sido capaz de reconhecê-la. O indivíduo ilegível entra com um processo para se tornar legível perante quem lhe negou acesso, por algum motivo, ao documento. Tal equação só é possível graças a uma instância do Estado — a Defensoria Pública — presente num serviço do Estado — a Justiça Itinerante. Ao mesmo tempo, tal situação explicita e revira a tautologia classificatória observada por Herzfeld (2016) como parte da produção social da indiferença: quem não tem documento não existe legalmente, portanto não pode requisitar direitos. Para requisitar direitos, é preciso ter documento. Por isso o ônibus do sub-registro é um lugar tão significativo nessa arquitetura burocrática, porque lá quem não existe legalmente, por não ter documentos, encontra enfim uma forma de ser legível e de buscar essa legibilidade.

Ferreira (2013), Vianna (2013) e Carrara (1984) ajudam a entender o documento como artefato central das burocracias modernas. Ao analisar registros policiais de casos de desaparecimento de pessoas produzidos e arquivados em delegacias do Rio de Janeiro, Ferreira (2013) argumenta que tais papéis não são apenas informações das ocorrências, mas sim artefatos centrais para que esses processos sejam administrados. Aqueles papéis tanto provocam uma tomada de posição de policiais quanto delegam responsabilidades às famílias dos desaparecidos, que acabam por gerir e mesmo solucionar os casos.

> Documentos são artefatos que, como toda prática burocrática, afirmam a teleologia básica do Estado e sua autoridade quase demiúrgica sobre atos oficiais de consagração (Herzfeld, 1992; Bourdieu, 1996). Sua produção, sua circulação e seu arquivamento reproduzem tanto o Estado-ideia quanto o Estado-sistema que, para fins de análise, podemos distinguir como partes constitutivas do Estado moderno (Abrams, 1988). Se, por um lado, são materializações de vínculos entendidos como permanentes entre sujeitos e Estados, performativamente fazendo desses sujeitos cidadãos, por outro, documentos são também condições para que procedimentos,

trâmites e demandas sejam desembaraçados em diferentes aparatos de administração pública [Ferreira, 2013:53].

No ônibus, essa centralidade do documento no arcabouço burocrático é explícita, construída tanto na existência da documentação, como mostrou Ferreira (2013), quanto na ausência. Na busca para obter um documento que o deixe legível, o usuário se torna sujeito de outro documento, o processo, que exige, por sua vez, outros documentos — mesmo que o usuário não tenha os seus. Ao ser atendido pela Justiça Itinerante, o usuário deve fornecer aos técnicos qualquer informação ou documento que ajude a descobrir se ele já foi registrado, aí incluídos a declaração de nascido vivo (DNV), a certidão de batismo, documentos dos pais e dados sobre local e data de nascimento. A partir disso, os técnicos do ônibus e do Serviço de Promoção à Erradicação do Sub-registro de Nascimento e à Busca de Certidões (Sepec) fazem buscas em cartórios e hospitais da região informada pelo usuário. O Sepec é também interligado aos bancos de dados do Detran e das polícias, e nesse banco seus técnicos obtêm, caso exista, a folha de antecedentes criminais (FAC). O objetivo da busca é saber se aquela pessoa foi registrada em algum lugar. Em caso positivo, será pedida uma segunda via do registro. Em caso negativo, será preciso emitir um registro, e o processo segue. Tal pesquisa é um serviço burocrático altamente especializado e difícil, se não impossível, de ser realizado pelo cidadão comum, como lembra a cartela de carimbos citada no início deste capítulo. Ao final dessa investigação, de tempo variável, os técnicos entram em contato com o usuário e avisam o que descobriram. Caso não exista registro de nascimento prévio, a pessoa é chamada para uma audiência judicial.

Nas audiências, abordadas em detalhes no próximo capítulo, o juiz confere os dados, ouve a pessoa que está movendo o processo de registro tardio e as testemunhas arroladas. Representantes do Ministério Público e da Defensoria Pública também se pronunciam. Ao final, caso tenha sido convencido pelo conjunto de evidências apresentadas de que aquela pessoa de fato é quem diz ser e não foi registrada previamente, o juiz determina a emissão do registro de nascimento — feita no cartório de registro civil que funciona dentro da Vara da Infância, da Juventude e do Idoso, em cujo pátio o ônibus fica estacionado.

Dados obtidos por mim no Tribunal de Justiça do Estado do Rio de Janeiro (TJRJ) mostram que, de 2015 a 2017, o cartório da Justiça Itinerante do sub-registro iniciou 893 novas ações de pessoas solicitando o registro tardio. Foram emitidas 795 certidões de nascimento, e os demais casos continuavam em tramitação. O número não inclui pessoas que solicitaram mudança de nome, segunda via da documentação ou reconhecimento de paternidade. Refere-se tão somente a pessoas jamais registradas que obtiveram o primeiro documento oficial de suas vidas. Destaco ainda que, pelo que observei, a regra é que, a partir do atendimento no ônibus, a pessoa sem documento consiga a certidão de nascimento. Não localizei, no período da pesquisa de campo, alguém que não tenha obtido o documento. O prazo médio para a obtenção da certidão é de dois meses, segundo o relato de dra. Esther e o que pude acompanhar no atendimento do ônibus. Ainda de acordo com a juíza, no início do trabalho do ônibus, em 2014, era possível perceber casos que ela chama de "estranhos":

> A gente percebia sinais de uma possível fraude, principalmente em adoção. Mulheres muito idosas dizendo que tinham acabado de ter um bebê, por exemplo. Aos poucos, isso deixou de acontecer. Hoje a nossa média para emitir uma certidão é de dois meses. Acontece às vezes de perdermos o caso, como chamamos aqui, porque a pessoa morre. Já está velhinha e morre. É muito triste, é uma derrota nossa, uma falha. Mais uma [dra. Esther].

Ao longo desta pesquisa, tive a oportunidade de entrevistar algumas das pessoas atendidas no ônibus mais de um ano depois de terem obtido seu registro de nascimento. Busquei compreender o significado do documento para elas e saber se, agora documentadas e legíveis pelo Estado (o que, em termos estritamente legais, poderia retirá-las das margens), continuavam vivendo em situações e condições que também podem ser consideradas margens do Estado. Voltarei a esse tema no último capítulo.

O que destaco aqui, para encerrar esta reflexão sobre burocracia e busca, é a forma como o ônibus se torna um lugar de acolhimento de quem passou anos buscando um direito, um *checkpoint*, uma zona de fronteira na qual se emite um documento — o registro de nascimento — que pode se transformar em chave para acesso a direitos e cidadania. Aos poucos entendi, porém, que o ônibus também se transforma, que é também um lugar de múltiplos sentidos. Assim, ele é escrutinador e verificador, como precisa ser um *checkpoint*, mas não é apenas isso. Diferentemente da rotina de produção social da indiferença com que aquelas pessoas se depararam durante anos, pude perceber na equipe do ônibus tentativas de aproximação solidária, e a principal quebra na rotina de indiferença era esse acolhimento, explicitado quando alguém perguntava se era ali que poderia tirar a certidão de nascimento e ouvia uma resposta até então inédita: "É aqui sim, é aqui com a gente". A quebra na rotina de produção de indiferença também se dava por ações individuais dos técnicos — quando um juiz, por exemplo, brincava com uma criança ou quando a coordenadora do ônibus comprava lanches para distribuir a crianças e velhos. A ação tantas vezes desumanizadora do edifício burocrático permite espaços mínimos de empatia, mas eles existem, apesar da demora, dos prazos e das exigências. No ônibus da Praça Onze, representação de um microcosmo do campo burocrático no qual o Estado exerce seu poder de nomeação e controle, a indiferença de muitos anos se transforma em acolhimento.

3. Nas audiências, as provas de vida e a vida como prova

"Vi minha mãe grávida da minha irmã": testemunho e memória como prova da existência

Uma das questões que perpassam esta pesquisa é o papel do documento como elemento constitutivo da identidade, como já trataram Santos (1979), DaMatta (2002) e Peirano (2006). Se alguém perde um documento, pode mostrar outro. Ou ir ao cartório, ao Departamento de Trânsito (Detran) de seu estado e à Polícia Federal, cumprir os trâmites previstos, pagar as taxas devidas e receber nova certidão de nascimento, nova carteira de identidade, novo passaporte. Quando não se tem nenhum documento, porém, a situação muda de figura. E às perguntas que tentei responder até aqui — "Para que serve um documento?" e "Quem sou quando não tenho documentos?" — soma-se outra: "Quando não tenho documentos, como provo que sou quem digo ser?". Essa foi a pergunta a que vários dos meus interlocutores nesta pesquisa tiveram de responder diante de um juiz ou uma juíza nas audiências realizadas no ônibus do sub-registro da Justiça Itinerante.

Dentro da sistemática de trabalho do ônibus, a audiência é o momento em que a pessoa sem documento relata sua história diretamente ao juiz ou à juíza que a atende. Na tentativa de reconstituir e analisar essas audiências, o foco deste capítulo se desloca da motivação dos indocumentados e dos caminhos que percorreram até ali para o outro lado do balcão. Por isso, a partir deste ponto, irei me deter menos em seus relatos e mais na observação da audiência em si, na forma como o direito é acionado por seus operadores e no encaminhamento dado pela Justiça às demandas.

Observarei também, a partir de agora, de que modo, diante da Justiça Itinerante, uma instância do Estado-sistema, será construída a prova de que as pessoas sem documentos de fato são quem dizem ser, o que nos leva de volta à antropologia do direito, privilegiando não a abordagem legal, filosófica ou jurídica, mas a antropológica, a compreensão dos direitos, no plural, como experiências e vivências, diz Vianna (2013), como busca e cidadania, da forma como proponho eu. Geertz (1997) nos ajuda a compreender o saber jurídico e a construção dos fatos jurídicos como um saber local, um conhecimento alicerçado na observação de especificidades, práticas, casos, relatos, histórias e soluções, para, a partir disso, identificar princípios. Também a etnografia, como o direito, afirma Geertz (1997:249), produz conhecimento dessa forma, entregando-se "à tarefa artesanal de descobrir princípios gerais em fatos paroquiais".

O diálogo com Geertz se apresenta como iluminador para esta pesquisa porque descortina a possibilidade de valorizar os pequenos relatos, os contextos particulares, diante do que poderia ser entendido como um quadro legal fixo e imutável. Ao longo de dois anos de trabalho etnográfico, pude observar, no cotidiano de audiências do ônibus da Justiça Itinerante, a força imensa das histórias individuais diante do que pensei serem conceitos rígidos do direito, e a forma como tais conceitos eram negociados e renegociados a cada audiência. Consta do arcabouço jurídico brasileiro a previsão de acesso universal ao sistema de registro civil.[9] Na prática, entretanto, há diferentes motivos para não ter o documento e para buscar o acesso a ele, diferentes caminhos para comprovar a identidade e muitos meandros nesses percursos, até que o registro seja concedido. E, na falta de documentos, sobressai o papel da memória.

---

[9] Como já referido em capítulo anterior, a legislação sobre o registro civil no Brasil inclui: a Lei nº 6.015/1973, determinando que o registro seja feito pelos pais nos cartórios de Registro Civil das Pessoas Naturais (RCPN); a Lei nº 9.534/1997, que concedeu a gratuidade do serviço ao cidadão; a Lei nº 13.112/2015, permitindo que a criança também seja registrada pela mãe, com a indicação do nome paterno.

A orientação dos técnicos da Justiça Itinerante aos usuários era que mostrassem nas audiências, a fim de ajudar a comprovar seus relatos, quaisquer documentos que pudessem ser úteis — aí incluídos, por exemplo, a declaração de nascido vivo (DNV), a certidão de batismo, documentos dos pais. Muitas vezes, porém, a prova escrita estava perdida. Durante a pesquisa de campo, percebi uma prática comum: para as audiências, as pessoas sem documento levavam parentes próximos e distantes, vizinhos, colegas. Na ausência dos pais, por abandono ou morte, esses testemunhos adquiriam relevância maior ainda.

Raquel e Kamila foram ao ônibus no dia 2 de setembro de 2016. Um pouco da história das duas está relatada em capítulo anterior, quando falei do pai delas, Marcelo, como um dos casos que remetia à situação de conversão: um ex-dependente químico que, livre das drogas, resolvia registrar as filhas. As trajetórias das duas irmãs, como muitas relatadas no ônibus, falam do abandono paterno e da contínua negação de direitos. Mas destaco aqui um ponto que ajuda a compreender o processo de construção da prova de identidade: a família levou duas vizinhas, que relataram na audiência ter visto a mãe das duas jovens grávida delas. Na falta de papel, a memória constituiu a prova.

No caso de Paulo, o lutador de MMA, a irmã era sua *tutora* e carregava também a memória de sua infância e de seu abandono. Márcia, a mulher que tinha câncer de útero, levou vizinhos e parentes para ajudar a comprovar sua história. Damiana, a que foi localizada pela assistente social, não tinha quem levar. Vivia pela rua, sem parentes nem conhecidos. Registrou-se no mesmo dia que os filhos Lázaro, de 10 anos, e Ana Raquel, de 4. O menino era o mais falante dos três e foi quem ajudou a contar a história da família: "Vi minha mãe grávida da minha irmã".

Já relatei aqui que, antes de começar o trabalho etnográfico no ônibus, cheguei ao local para fazer uma reportagem em dezembro de 2014 (Escóssia, 2014b). Foi quando conheci a família de Jean, preso sob acusação de roubo. Retomo esse caso por entender que ele é crucial para o entendimento desse papel da memória como produtora de verdade e por ter sido o início de uma reflexão que desenvolvo a partir de agora: a constatação de que, na ausência do documento, a punição chega antes dos direitos. No caso de pessoas sem documento que são presas, como Jean, mais ainda.

Quando Jean deu entrada na unidade penitenciária Jonas Lopes de Carvalho (Bangu 4), no Rio de Janeiro, pediram-lhe documentos. Não tinha. Nunca teve certidão de nascimento. Nem documento de identidade, CPF, carteira de motorista ou título de eleitor. Foi identificado, no sistema penal, pelas impressões digitais — o que tecnicamente se chama de identificação criminal ou, vulgarmente, "tocar piano". Sua mãe, Márcia, queria visitá-lo no presídio, mas, como o rapaz não tinha documentos, era impossível — situação que caracteriza a urgência de legibilidade já descrita.

Uma juíza comandava a audiência sobre o caso do rapaz, preso, sob custódia legal do Estado e ainda assim sem identificação. Jean, detido em Bangu 4, não compareceu à audiência na Justiça Itinerante. Do encontro participavam a mãe do rapaz, Márcia, o padrasto, Luiz, uma vizinha, uma tia e algumas pessoas apresentadas como colegas de infância. O objetivo da audiência era, a partir dos relatos daquelas pessoas, provar que Jean era quem dizia ser. Márcia relatou:

> Ele nunca teve documentos porque, quando ele nasceu, logo depois eu fui presa. Artigo 157, roubo. Vacilei. Mas é meu filho. Ele ficou com a tia, minha irmã, que não cuidou de registrar [Márcia, 40 anos].

Depois da mãe, apresentou-se a tia, Marta, que confirmou a história. O padrasto, Luiz, pintor de paredes, levou fotos e boletins da escola que o menino frequentara, no bairro do Rio Comprido, e relembrou que, como o registro de nascimento era obrigatório para a matrícula, só conseguiu a vaga para o garoto porque mantinha relações de amizade com a diretora da unidade de ensino.

Na audiência no ônibus da Justiça Itinerante, pais, parentes e vizinhos começam, diante da autoridade judicial, um processo de construção da identidade legal daquele indivíduo preso sob custódia do Estado. Na busca pelo registro, realiza-se o trabalho de tornar juridicamente verdadeira aquela existência. Jean permaneceu durante anos nas margens do Estado, sem legibilidade; ao cometer um crime e ser preso, tornou-se visível, mas ainda assim ilegível, porque, oficialmente, não existia nos registros. A tautologia classificatória de que fala Herzfeld (2016) aplicada ao acesso à documentação — se não tem documentos, não é legível; se não é legível, não pode ter acesso a direitos — mais uma vez se confirma e, pela necessidade de punição, começa a ser desfeita. Inicia-se então o processo de dar legibilidade àquele detento, e tratarei disso em detalhes adiante.

Por enquanto, quero abordar, na audiência, o papel fundamental da memória, pois é justamente a memória dos parentes de Jean que se transforma em mecanismo de prova da existência dele. Halbwachs (2006) fala da necessidade de entender a memória como um fenômeno social e não apenas individual — abordagem pioneira no início do século XX para uma dimensão até então compreendida majoritariamente a partir de visões que destacavam um ponto de vista introspectivo. No dizer de Halbwachs (2006), é imperativo associar memória à relação entre indivíduo e sociedade, destacando o papel do grupo na construção das lembranças. O autor afirma que a memória é um mecanismo social e estabelece os conceitos de memória individual (as lembranças individuais) e memória coletiva, associando esta última à noção de história vivida, além da história que se baseia em fontes, em documentos e na divisão do tempo.

Pollak (1992:204) trata da relação entre memória e identidade, entendendo identidade como a imagem que a pessoa adquire ao longo da vida referente a ela própria, imagem esta que constrói e apresenta aos outros e a si. Elabora a ideia de "enquadramento da memória", ou seja, a forma como o conjunto de lembranças de um indivíduo ou um grupo é alvo de uma disputa de sentidos, com o objetivo de construir uma identidade individual e do grupo. É uma espécie de controle de lembranças, que seleciona o que de fato permanecerá na narrativa que se quer ter de determinado conjunto de acontecimentos.

A memória, essa operação coletiva dos acontecimentos e das interpretações do passado que se quer salvaguardar, se integra, como vimos, em tentativas mais ou menos conscientes de definir e de reforçar sentimentos de pertencimento e fronteiras sociais entre coletividades de tamanhos diferentes: partidos, sindicatos, igrejas, aldeias, regiões, famílias, nações etc. A referência ao passado serve para manter a coesão dos grupos e das instituições que compõem uma sociedade, para definir seu lugar respectivo, sua complementaridade, mas também as oposições irredutíveis [Pollak, 1989:9].

Dentro do ônibus da Justiça Itinerante, famílias fazem um trabalho de acionamento da memória para a construção da trajetória de um indivíduo, mas também um trabalho de enquadramento a fim de encaixar peças da história. Não se trata, como se poderia pensar, de negar autoria de crimes. O que importa é, de modo coerente, reconstruir a trajetória de Jean como sujeito ligado àquele núcleo familiar. "É meu filho", diz a mãe. "Vacilou, foi preso", completa a tia. "Consegui vaga na escola porque conhecia a diretora", informa o padrasto. "Jogávamos futebol", conta o vizinho, e um personagem até então invisível vai criando visibilidade. Numa operação feita e refeita dezenas de vezes, retalhos da memória são unidos pela narrativa da experiência vivida.

A história dos presos invisíveis: a punição chega antes dos direitos

A reportagem sobre Jean despertou meu interesse sobre a temática dos presos sem documento. À época, de acordo com dados da Secretaria de Administração Penitenciária do Rio de Janeiro, havia nos presídios estaduais pelo menos 3.988 detentos, 10% da população carcerária fluminense, sem documentos de identificação civil — registro de nascimento e carteira de identidade (Escóssia, 2014b). Tais detentos eram mantidos no sistema penitenciário apenas com a identificação criminal — as acusações contra eles, as impressões digitais e o "vulgo", o nome pelo qual eram mais conhecidos.

Quando iniciei a pesquisa etnográfica, decidi voltar ao assunto. Não consegui mais, infelizmente, localizar a família de Jean para saber o que havia sido feito do rapaz. Não obstante, durante o trabalho de campo no ônibus da Praça Onze, tive a oportunidade de manter contato com pessoas que buscavam o serviço depois que um integrante da família era preso. Em sua maioria, quase totalidade, eram mães cujos filhos haviam sido presos e não tinham registro de nascimento. Sem o documento dos filhos, as mães não podiam visitá-los no sistema penitenciário. Como provar que elas estavam mesmo visitando seus filhos?, indagava o sistema. Eram situações que, mais uma vez, classifico e analiso como sendo casos de urgência de legibilidade: pessoas que até então haviam vivido nas margens do Estado, como ilegíveis, mas em determinado momento necessitavam da legibilidade pelo Estado a fim de garantir o direito de visita.

Para reconstituir essas trajetórias, as mães buscavam o ônibus, se apresentavam, narravam os crimes dos filhos e pediam a documentação. Ao contrário de negar crimes, tratava-se de admiti-los, reconhecer que aqueles que estavam presos haviam, sim, cometido erros — mas eram filhos delas, e elas tinham o direito de visitá-los. Assim conheci Samia, que buscava o documento do filho Tyrone, preso em Bangu 10 por envolvimento com o tráfico, e Rosemary, que acompanhava o filho Carlos, em liberdade condicional depois de uma condenação a cinco anos de prisão por roubo. Mesmo detido por mais de três anos numa penitenciária pública, ou seja, dentro de uma instância de controle do Estado-sistema, Carlos nunca conseguiu tirar a certidão de nascimento, pela dificuldade já relatada aqui de registrar um adulto. Assim, a cada mês, quando se reapresentava diante do juiz da condicional, Carlos tinha de provar sua identidade pela conferência das impressões digitais, como me contou em 9 de setembro de 2016:

> O mais difícil é convencer os caras lá de que eu sou eu mesmo, entendeu? Porque não tenho nenhum papel. Eles me deram um número lá, tiraram as digitais, aí todo mês conferem pra ver se sou eu mesmo. Engraçado que ninguém pra me arranjar uma certidão de nascimento. Preso também tem direito [Carlos, 21 anos].

Das trajetórias de pessoas presas sem documento, uma das mais marcantes foi a de Adriano, preso desde 2014 e condenado por roubo. Como ele não tinha certidão de nascimento, sua mãe, Aparecida, não podia visitá-lo, o que a levou ao ônibus. O rapaz estava preso, e dra. Esther, a juíza responsável pelo caso, marcou uma audiência por videoconferência: no Tribunal de Justiça, a juíza ouviria, presencialmente, a mãe e, com o auxílio das câmeras instaladas no complexo de Gericinó, Adriano. Por essa época, eu havia feito leituras sobre etnografia multissituada e decidi então sair dos limites do ônibus. Para Marcus (1995:96), é possível falar em etnografia multissituada quando se "sai dos lugares e situações locais da investigação etnográfica entendida como convencional a fim de examinar a circulação de significados, objetos e identidades culturais" — o que, como mostra o autor, é um movimento que caracteriza inclusive etnografias clássicas. Embora meu campo de pesquisa fosse majoritariamente constituído e delimitado pelo ônibus, entendi que poderia seguir investigando a temática em outros espaços. Assim, pedi autorização judicial e, com a concordância de Aparecida, acompanhei a audiência de Adriano.

Compareci ao tribunal na data marcada, 28 de julho de 2017. A audiência foi presidida por dra. Esther, com a participação de uma promotora e uma defensora pública. Dra. Esther foi a juíza que me levou ao ônibus pela primeira vez e abriu portas para a realização da pesquisa. É uma ativista na causa do acesso dos brasileiros à documentação, com atuação significativa em âmbito tanto estadual quanto nacional. A audiência de Adriano foi presidida por ela. Clara, minha principal interlocutora no ônibus, também estava lá e, mais uma vez, me ajudou. Assisti a toda a audiência e tirei fotos. Aparecida, mãe de Adriano, levou também a avó do rapaz, Heloisa. No dia da audiência, Aparecida não via o filho havia três anos e nove meses. O motivo para a proibição da visita era o mesmo: como Adriano não tinha registro de nascimento nem qualquer outro documento, era impossível saber se Aparecida era realmente mãe dele.

A história de vida de Adriano era, como a de outros adultos sem documentos que conheci durante a pesquisa de campo, marcada pela contínua negação de direitos, tema já abordado no capítulo 1, quando detalhei a trajetória de Cristiane. Mesmo que a recuperação das trajetórias não seja mais o foco deste capítulo, tentarei resumir como o rapaz foi parar na prisão. De acordo com o relato de sua mãe, Adriano nasceu em 1990 e não foi registrado. Aparecida era muito pobre e não vivia com o pai de seus filhos. Adriano, junto com mais dois irmãos, se alternava entre as casas do pai e da mãe. Aos poucos, começou a cometer pequenos delitos ao lado de colegas do bairro, passando depois a roubar e participar do tráfico de drogas na região. Por tráfico, foi preso e condenado.

A juíza seguiu perguntando sobre o passado da família, e Aparecida contou que se separou do marido porque ele bebia muito e batia nela. As crianças viviam com a mãe quando o mais velho desapareceu no Centro do Rio de Janeiro. Assim contou Aparecida durante a audiência:

> Eu procurei, procurei meu filho, mas nunca achei. Fiquei perdida na vida, comecei a beber. Deixei o Adriano com a avó dele, minha mãe. O mais novo ficou com uma tia. Sei que fiz uma coisa horrível, dei meus filhos, mas não conseguia criar, não conseguia nem viver direito depois que meu filho desapareceu [Aparecida, 52 anos].

Aparecida puxou o fio da memória, e a avó de Adriano, Heloisa, ajudou-a nesse sentido. Lembrou o tempo em que o rapaz morou com ela, o pouco tempo em que frequentou a escola e como ele gostava de jogar bola. Relembrou o desaparecimento do neto mais velho e a forma como Aparecida se tornou alcoólatra. Na ausência de papéis, a memória das duas mulheres ajudou a reconstituir a trajetória de Adriano, sem negar delitos — pelo contrário, assumi-los ajudava a provar que ele era, sim, o rapaz que aparecia na televisão e que precisava de um documento. Aparecida também repetiu o discurso de vergonha e culpa que percebi em muitos outros adultos sem documento. No caso dela, sentia-se responsável pelo fato de o filho não ter documento:

> Dói ver o filho assim preso e não fazer nada. Se eu tivesse sido uma mãe melhor, talvez ele não estivesse aí. Mas Adriano não é um mau filho. Foram as más companhias que fizeram o Adriano roubar [Aparecida, 52 anos].

Nesse processo de reconstrução da trajetória de Adriano, foi fundamental o diálogo dele com a mãe. O rapaz começou tomando a bênção da mãe, que não via fazia três anos e nove meses. Perguntou pela irmã mais jovem, Rafaela, e Aparecida disse que ela estava com 15 anos, planejando fazer um curso de auxiliar de enfermagem. Aparecida solicitou que a juíza lesse para ele uma carta escrita por Rafaela. Depois, pediu perdão ao filho. Sentada no canto, observando a audiência, entendi que aquele pedido de perdão ao filho também expressava um pedido para que ela mesma se perdoasse. Como outras mulheres que conheci no ônibus, Aparecida tivera uma trajetória de direitos negados: o filho desaparecido, o marido violento, o alcoolismo, a necessidade de deixar os filhos com outras pessoas da família. O rapaz imediatamente respondeu: "Tira isso da cabeça, mãe, não tenho que perdoar nada". Aparecida e a avó, Heloisa, choravam, e Adriano também estava muito emocionado. A avó disse: "Olha, seus amigos não perguntaram por você, não. Nós é que viemos aqui pra te ver".

Sem entrar no mérito da responsabilidade penal de Adriano, pois ele já fora condenado pelo crime e cumpria pena, dra. Esther discutiu com a promotora e a defensora pública alguns pontos cruciais para esse trabalho. Informou que o Serviço de Promoção à Erradicação do Sub-registro de Nascimento e à Busca de Certidões (Sepec) já realizara a busca nos cartórios pelo registro de nascimento de Adriano, em vão. A folha de antecedentes criminais (FAC) também fora checada, e as evidências indicavam, assim, que o filho de Aparecida, neto de Heloisa, era mesmo o rapaz que aparecia no monitor de TV durante a videoconferência. Dra. Esther tratou ainda, na audiência, de dois eixos basilares para esta pesquisa: o primeiro, o fato de alguém que comete crimes não estar alijado do direito à documentação; o segundo, o fato de o preso sem documento, mesmo sem identificação civil, receber a identificação criminal, que permite que ele entre no sistema penal e seja legível por este em particular — mas não no conjunto de políticas públicas.

> É como se a pessoa tivesse um RG para ser punido, apenas para responder ao processo e sofrer a punição. Entendeu? Ele não recebeu o RG verdadeiro, porque não tem certidão de nascimento. Recebeu, na prisão, o número do que será o RG quando ele tiver certidão de nascimento [dra. Esther].

O caminho trilhado a partir de Foucault (1987, 2015) permite refletir sobre como o sistema prisional integra um sistema disciplinar amplo, marcado pela vigilância, no qual a identificação do criminoso é um dos instrumentos de controle. Em estudos etnográficos sobre prisões brasileiras, Mallart e Rui (2017) e Godoi (2015) ajudam na compreensão das dinâmicas do sistema carcerário nacional, com fluxos próprios, como a superlotação, a demora nos julgamentos e o entra e sai de presos, chamado por Mallart e Rui (2017) de "cadeia *ping pong*". Para Godoi (2015:19), a prisão deve ser compreendida

> como um espaço poroso no interior de um dispositivo de governo, como uma tecnologia (entre outras) de gestão de populações, de agenciamento e regulação de fluxos (de pessoas, objetos e informações), de condução de condutas, de produção e administração de determinadas formas de vida.

No caso dos presos sem documento, as dinâmicas do sistema carcerário encontram uma falha capaz de ameaçar seu princípio basal: identificar o criminoso e puni-lo. Ao mesmo tempo, o próprio sistema opera o que parece ser uma solução para permitir a punição: identificar o detento apenas criminalmente, uma vez que o registro civil do adulto, como já detalhado, requer investigação de antecedentes e uma decisão judicial. De modo excepcional, o documento zero daquele indivíduo não é a certidão de nascimento, o registro civil, mas o registro criminal. Preso, com a identificação criminal feita, mas sem registro civil, Adriano vivia uma situação peculiar e, no entanto, comum a presos sem documentação. Eram legíveis para a punição do crime, mas ilegíveis para o conjunto mais amplo dos direitos.

Segundo dra. Esther, essa era uma situação que afetava aproximadamente 4.500 detentos no estado do Rio em 2017. No mesmo ano, levantamento do Departamento Penitenciário Nacional (Depen) indicava que nove de cada 10 detentos brasileiros não possuíam qualquer documento pessoal em seu prontuário na prisão. A falta de documentação, conforme o Depen, afetava diretamente a possibilidade de ressocialização dos presos e motivou uma cooperação entre a Associação dos Notários e Registradores do Brasil (Anoreg-BR) e o Depen para fazer o registro civil de presos em 16 estados (CNJ, 2017a).

"As pessoas sentem muito poder em dizer não": do direito aos direitos

Da porta do ônibus, uma funcionária chama em voz alta o nome completo de Raimundo. É o início de uma sexta-feira nublada, 26 de maio de 2017, e mais de 40 pessoas esperam espalhadas pelo pátio da Vara da Infância, da Juventude e do Idoso. Quando Raimundo se levanta e atravessa o pátio, os olhares o acompanham, e o meu também: ele tem na cabeça um vistoso cocar indígena, de penas coloridas em azul, vermelho, verde, amarelo e preto. Veste bermuda branca e camiseta.

O rosto está pintado de preto e vermelho, e no pescoço ele traz um colar de peças brancas, parecendo dentes. Os braços estão cobertos de pinturas e adornados com braceletes de pena. Raimundo entra no ônibus acompanhado por uma mulher de *short* e camiseta. Ela também usa um cocar de penas e traz o pescoço coberto por colares de sementes vermelhas.

Raimundo não é uma pessoa sem documento. Tem certidão de nascimento, RG e documentação em dia. Diante da juíza, conta que está ali porque deseja trocar de nome. Fala sem parar, e eu também escuto. Nascido numa aldeia tabajara no Ceará, ele quer que em seu documento conste oficialmente o nome Akasu-j (pronuncia-se Akasui), pelo qual é conhecido em sua tribo e também pelos amigos do Rio de Janeiro, para onde se mudou quando tinha 20 anos. Agora tem 69. Akasu-j, diz, significa cajueiro, árvore comum em sua tribo e nome pelo qual a aldeia Cajueiro, na região de Poranga (CE), é conhecida. O cajueiro é uma árvore importante para o sustento do povo dessa etnia, que se alimenta da castanha, do próprio caju, faz suco, doce e vende os produtos.

Ao longo do trabalho de campo, pude compreender que cada caso seria um caso, que a decisão tomada em um processo não valeria automaticamente para os demais, pois cada usuário teria uma demanda, uma justificativa, e cada juiz ou juíza, uma interpretação, apesar dos princípios jurídicos legais pelos quais deveriam se pautar, entre eles a lei brasileira, a Constituição e os tratados internacionais. A busca pelo direito à certidão de nascimento ou, em alguns casos, à alteração de nome — como no caso de Akasu-j — tinha desdobramentos de sentido diferentes em cada trajetória desenhada na sala de audiência. Exatamente como analisa Geertz (1997:259), pude constatar que

> a parte "jurídica" do mundo não é simplesmente um conjunto de normas, regulamentos, princípios e valores limitados, que geram tudo que tenha a ver com o direito, desde decisões do júri até eventos destilados, e sim parte de uma maneira específica de imaginar a realidade. Trata-se,

basicamente, não do que aconteceu, e sim do que acontece aos olhos do direito; e se o direito difere, de um lugar ao outro, de uma época a outra, então o que seus olhos veem também se modifica.

O que acontece aos olhos do direito, nesta pesquisa, acontece no entorno do ônibus da Praça Onze, mas também, e principalmente, dentro dele, no momento da audiência do usuário. É quando a demanda por documentos, direitos, nomes será analisada por um juiz ou uma juíza. Na introdução, já detalhei como é o ônibus, mas, para facilitar a vida do leitor, relembro: o ônibus é todo dividido em pequenos espaços. Depois do banco do motorista e quatro cadeiras (poltronas originais do veículo), o primeiro ambiente é um misto de secretaria e cartório, onde fica a escrivã do cartório da Justiça Itinerante. Os computadores são interligados ao sistema do Tribunal de Justiça, ao banco de dados do Sepec e à base de dados do Detran, que permite saber se o usuário tem antecedentes criminais.

O segundo ambiente abriga duas minissalas de audiência, que chamarei doravante de salas 1 e 2, com mesinhas e cadeiras, e em cada uma ficam um juiz e as pessoas que são atendidas. O terceiro ambiente é uma sala de audiência um pouco maior, que chamarei de sala 3, com uma mesa maior e mais bancos. Lá fica o terceiro juiz, comandando mais uma audiência. Um promotor e um defensor público revezam-se entre as salas de audiência 1, 2 e 3 para que, em cada caso, haja sempre o posicionamento da Defensoria Pública, do Ministério Público e do juiz.

Na sala 1 aconteceu a audiência de Akasu-j. Ele contou à juíza que, no Rio, trabalhou como biscateiro, camelô, pedreiro, fez de tudo um pouco e agora vive de produzir artesanato. Há 10 anos, mais ou menos, começou a participar de maratonas e se tornou um personagem conhecido nas corridas de rua. Corre de pés descalços. Procurou a Defensoria Pública e de lá foi encaminhado ao ônibus da Justiça Itinerante com um objetivo: trocar o nome cristão que recebeu pelo nome Akasu-j. "Eu sou índio, né? Quero meu nome de índio", explicou, pondo sobre a mesa os documentos com o nome cristão que lhe deram.

A passagem de Akasu-j pelo ônibus foi um dia marcante, indicam minhas anotações. Juízes e funcionários da Justiça Itinerante pediram para tirar fotos com ele e também que eu fotografasse e lhes enviasse as imagens daquele dia. Guardei esse dia porque normalmente eu pedia licença para tirar fotos, e daquela vez o pedido foi feito pelas pessoas que trabalhavam no ônibus. Enquanto Akasu-j era atendido com fotos na sala 1, bem ao lado, na sala 2, Igor, um rapaz negro de 19 anos, ao lado da mãe, Rosemary, tinha sua audiência. Rosemary fora uma sem-documento até 2016, quando, também no ônibus, obteve seu registro. Agora queria a certidão de nascimento do filho. Era uma demanda como tantas que observei ao longo da pesquisa — só um registro de nascimento. Não pude deixar de notar que um brasileiro índio e um brasileiro negro levavam suas demandas a duas juízas brancas, do lado de cá do balcão.

Neste capítulo, como já explicitei, volto a análise não para o motivo da demanda pelo documento, mas para o outro lado do balcão, a forma como aquela demanda era analisada pelos juízes e pelas juízas. Se, na sala 2, a demanda de Igor era simples — era um rapaz sem registro que precisava ser registrado, e a mãe estava ali para fazê-lo —, a de Akasu-j exigiu uma negociação. Se ele já era registrado, por que ter outro registro, o que é proibido por lei? As buscas indicavam que sua FAC não tinha anotações criminais. Não se tratava, portanto, de uma tentativa de encobrir algum malfeito, um crime, caso em que a mudança de nome seria um cobertor para proteger um ilícito. Akasu-j poderia também ter procurado a Fundação Nacional do Índio (Funai) e pedido um registro de seu nome indígena. No entanto, ao procurar outra instância do Estado-sistema, a Defensoria Pública, foi encaminhado à Justiça Itinerante, e era dela que esperava uma solução.

A juíza responsável pela audiência de Akasu-j era uma mulher muito simpática, que sempre respondia aos meus questionamentos e não se importava que eu acompanhasse as audiências, permitindo que eu fizesse perguntas a ela ou ao usuário que estava sendo atendido. Não teve dúvida diante da demanda que lhe era apresentada e disse que faria o registro de Akasu-j com o nome indígena. "O índio não é invisível, não pode ser registrado como invisível", justificou. Disse que seu pai fora um estudioso da causa indígena e que se sentia pessoalmente tocada por aquele processo. Entendeu que se tratava "de uma questão de identidade" e concedeu o pedido sem delongas. "Não acho complicado. As pessoas sentem muito poder em dizer não, mas pra mim isso é simples", resumiu. Akasu-j foi encaminhado diretamente ao cartório e lá recebeu sua certidão de nascimento. Sãmehy, a mulher indígena que o acompanhava, sua companheira de vida, deu entrada num processo semelhante naquele mesmo dia, também para obter a certidão de nascimento com o nome indígena.

A solução dada ao caso de Akasu-j pode ser analisada a partir do diálogo desta pesquisa com estudos no campo da antropologia do Estado e da antropologia do direito, em especial com os que se debruçam sobre o funcionamento do sistema jurídico brasileiro. Torna-se crucial relembrar o entendimento, proposto por Foucault (1987, 2015), de que normas e instituições judiciais são atravessadas por dispositivos de poder, relacionados à disciplina e à governamentalidade. Já falei aqui do documento como esfera de controle, e a perspectiva foucaultiana surge novamente diante das audiências da Justiça Itinerante.

Em outra perspectiva, DaMatta (1997) mostra que a sociedade brasileira se organiza num dilema entre práticas hierárquicas, em que cada pessoa tem um "lugar" com direitos e deveres bem definidos, e relações jurídicas são representadas como igualitárias, universais. Esse dilema é continuamente colocado em cena, para DaMatta, no acionamento do que o autor entende como um rito de autoridade: a famosa pergunta "Você sabe com quem está falando?". A articulação entre essas duas perspectivas aparece em estudos de autores como Kant de Lima, Eilbaum e Pires (2010) e Kant de Lima, Misse e Miranda (2000), permitindo questionar, no dizer de Sinhoretto (2011:27), a possibilidade de pensar a sociedade brasileira como plenamente disciplinar (no sentido foucaultiano), uma vez que a coexistência das lógicas jurídicas igualitária e hierárquica torna muito difícil a introjeção subjetiva das regras pelos indivíduos, que nunca estão bem certos sobre qual sistema de regras será validado nas interações com outros indivíduos, principalmente se eles forem agentes estatais.

Na etnografia das audiências, outro conceito que emerge é o de campo como um lugar de disputa de sentidos (Bourdieu, 1989), um espaço social simbólico estruturado por relações de força, no qual se manifestam posições de poder marcadas pela disputa. Se, no percurso até o ônibus, os brasileiros sem documento se confrontaram com o campo burocrático, como já analisei em capítulo anterior, agora o que sobressai é o campo jurídico, descrito por Bourdieu (1989:237) como o lugar por excelência do "monopólio do discurso atuante, capaz, por sua própria força, de produzir efeitos". Os agentes desse campo, segundo o autor, são investidos da competência que lhes autoriza interpretar textos que consagram a visão considerada justa.

Sinhoretto (2007), em pesquisa etnográfica sobre a reforma da Justiça, analisa a implementação, em São Paulo, dos Centros de Integração e Cidadania (CICs), programa do governo do estado que desde 1996 busca melhorar o acesso da população pobre à Justiça. O programa aposta ainda na melhor articulação das instituições da Justiça (Polícia Civil, Ministério Público, Poder Judiciário, entre outros). A partir da noção de campo jurídico de Bourdieu, a autora formula a ideia de um campo estatal de administração de conflitos (Sinhoretto, 2007, 2011). A chave para seu conceito é propor que esse campo de administração de conflitos incorpora, em seu funcionamento, a informalidade e as técnicas não judiciais. Assim, o campo de administração de conflitos

> considera que práticas informais, ilegais ou não, referenciadas às leis escritas não são apenas defeitos de aplicação do direito ou falhas na im-

plementação da lei cometida por maus profissionais, mas são parte não negligenciável de rituais de administração de conflitos que estão em disputa no interior do campo [Sinhoretto, 2011:28].

Pela abordagem utilizada (a etnografia) e pelo objeto em questão (a administração de conflitos), a pesquisa de Sinhoretto oferece chaves precisas na compreensão das audiências realizadas no ônibus da Praça Onze para atender pessoas sem documento. Num exercício teórico de descrição do que denominou "campo de administração de conflitos", a autora aponta quatro lógicas, ou quatro níveis hierárquicos, pelos quais acontecem interações entre o público e a instância estatal. O primeiro nível é protagonizado por pessoas de alto prestígio social, com grande capital simbólico e financeiro, que têm questões judiciais. O segundo se refere a pessoas comuns, que buscam a Justiça, mas encontram barreiras tradicionais de acesso a ela. O terceiro surge como uma criação recente, que busca oferecer respostas aos defeitos do sistema judicial clássico, e aqui apareceriam os juizados especiais ou de pequenas causas. A quarta escala, por fim, é a de conflitos considerados não só pequenos mas irrelevantes para serem tratados pelas instâncias formais do campo. Nesse nível, diz Sinhoretto (2007), o grau de informalidade é ainda maior, e os agentes legais mais subalternos, como policiais e mediadores leigos, assumem um papel de centralidade.

Caso eu decidisse usar, para a Justiça Itinerante, a classificação proposta por Sinhoretto, diria que se situa entre os níveis 3 e 4. No terceiro nível, pelo que surge como resposta a falhas do sistema judicial clássico ou a obstáculos intransponíveis apresentados por esse sistema a uma população de baixa renda; no quarto nível, pelo papel central, ocupado na busca pela documentação, por esses agentes legais de níveis subalternos, de funcionários de comitês a técnicos de cartório, principalmente no caminho até o ônibus, como mostrei no capítulo dedicado à *síndrome do balcão*.

Mais do que a classificação de Sinhoretto, interessa-me, porém, seguir em sua reflexão sobre de que forma esse campo que ela caracteriza como de administração de conflitos não ficou inerte diante das pressões sociais por reformas no Judiciário. Gaulia (2014) e Galanter (2016) demonstram de que forma a expressão "acesso à Justiça" adquire seu atual significado, associado tanto ao benefício da assistência judiciária quanto à garantia de igualdade perante a lei e, a partir dos anos 1970, à capacidade de utilizar as várias instituições, governamentais e não governamentais, judiciais e extrajudiciais, para um requerente pleitear justiça. No Brasil, afirma Gaulia (2014), a Constituição de 1988 situa-se como marco ao afirmar, em seu art. 5º, dedicado aos direitos fundamentais, que cabe ao Poder Judiciário analisar lesão ou ameaça a direitos. No art. 107, instituiu a Justiça Itinerante e os juizados especiais. Mais tarde, esse mesmo conjunto de demandas sociais diante de "defeitos" do sistema judicial permitiria a criação das delegacias e varas especializadas no tratamento da violência contra a mulher. A Justiça Itinerante, por esse aspecto, é uma conquista social num quadro em que o acesso à Justiça passa a ser entendido como um direito — e a dificuldade de acesso a ele, como a negação desse direito.

A análise das audiências realizadas no ônibus da Praça Onze permite refletir sobre como elas se transformam em pequenos palcos em que saberes locais são acionados na discussão de questões centrais que perpassam o sistema de Justiça e de acesso à Justiça no Brasil. Em cada audiência, o que está em jogo é, essencialmente, o acesso não só ao direito, ou à Justiça, mas aos direitos. Afinal, quem tem direito a buscar direitos? Que direitos devem vir primeiro? Quem garante o direito aos direitos? Qual o papel da Justiça na garantia desses direitos?

Depois de tantos anos de espera na *síndrome do balcão*, a urgência de legibilidade vivida por aqueles brasileiros chegava, assim, aos juízes e às juízas de plantão no ônibus da Justiça Itinerante. Integrantes da elite do funcionalismo público brasileiro, os juízes eram confrontados com essas pessoas que viviam nas margens do Estado e que viam no ônibus um *checkpoint* para sua busca. Ao longo dos dois anos de pesquisa, conversei com vários dos juízes que comandavam as audiências no ônibus.

Não há um corpo fixo de magistrados dedicado só à Justiça Itinerante nem ao ônibus da Praça Onze. Os juízes e as juízas passavam a semana atuando em outros processos em suas varas em diferentes áreas: cível, criminal, fiscal, de família. Às sextas-feiras, voluntariavam-se para, em vez de dar expediente em sua vara de origem, atuar nas audiências no ônibus. Não recebem diária extra por isso. Percebi que cerca de 10 juízes se repetiam mais, sendo sete mulheres e três homens. Os relatos desses magistrados e dessas magistradas consolidam reflexões feitas ao longo da pesquisa, destacando o lugar do registro de nascimento como símbolo de cidadania e do sub-registro como traço característico de um grupo que vive nas margens do Estado. Acrescentam outras, sobre o papel da magistratura e da Justiça como garantidoras de direitos.

Selecionei um primeiro grupo de relatos de juízes e juízas para ajudar na reflexão sobre registro de nascimento, cidadania, direito garantido e direito negado. É persistente, no discurso dos juízes, a associação entre registro de nascimento e cidadania, repetindo uma chave já verificada no discurso dos indocumentados:

A gente quer trazer cidadania para eles [dr. João].

A pessoa não se reconhece como pessoa [dra. Carla].

É como se a gente desse a vida, desse uma chave para abrir portas que se fecharam. Devolve a dignidade que foi roubada ou negada [dra. Gina].

A gente vê a gratidão das pessoas. A gente insere, dá dignidade, dá nome [dr. João].

Tais relatos remetem de imediato à ideia de direitos como "dádivas" concedidas pelas autoridades. "Abrir portas", "dar a vida", "trazer cidadania", "devolver dignidade" são resultados que os magistrados enxergam como efeito de suas ações. É a ideia de uma "autoridade bondosa", ou, pelo menos, uma autoridade consciente de seu poder e de seu papel social, retribuído com a gratidão das pessoas. Reis (1990) reporta esse mesmo tipo de reação nas cartas de pessoas que tiveram demandas atendidas no antigo Ministério da Desburocratização, mostrando a maneira pela qual a ação desempenhada pela autoridade pública é vista como um favor, uma dádiva, merecendo assim o reconhecimento e a retribuição em forma de gratidão. No caso do ônibus, os juízes relatam que as pessoas atendidas lhes agradecem de modo efusivo.

Ao mesmo tempo, também pude constatar, nas falas de juízes e juízas, o entendimento de que houve uma falha no funcionamento do Estado-sistema e de que eles, ao atuar na concessão do registro, solucionam, a partir de suas competências burocráticas, o problema criado para o cidadão. É explícito, para os magistrados, que o usuário sem documento está sendo punido e, indiretamente, visto como culpado da falha, quando, na verdade, era prejudicado por ela — porque a essa pessoa foi negado um direito, o registro, e, a partir dessa negativa, muitos outros direitos ficam pelo caminho.

A pessoa está sendo punida por uma falha do Estado [dra. Tânia].

Eu não estou lhe ajudando, é direito seu [dra. Esther].

As pessoas chegam aqui e dizem que não foram competentes, não foram fortes para conseguir o registro. Quem não conseguiu é que não foi forte, e não o Estado, que não concedeu. Assim, a prática é culpabilizar a pessoa que não foi beneficiada. É colocar a culpa no excluído [dra. Tânia].

É um sistema muito injusto. A gente aqui está tapando buraco. A ideia é ninguém mais ficar à margem. Você dá um sistema que dá privilégios a determinadas camadas [dra. Ilná].

Não é só a questão do documento. Eles não conseguem outros direitos. A pessoa não se vê como pessoa de direitos. Depois que conseguem, falam pra nós: "Agora eu sou alguém", como se para existir a pessoa precisasse de documento [dra. Dayse].

As pessoas ficam envergonhadas, a gente percebe a vergonha das pessoas [dra. Sylvia].

Nós, como Estado, não conseguimos achar o registro daquela pessoa. E aí, o que fazemos? Vamos continuar prejudicando essa pessoa? [dra. Esther].

Vejo que a gente assimila esse senso comum. A gente pensa: como uma mãe engravida se não tem não registro? A gente reproduz isso. É dizer sempre que a responsabilidade é do outro [dra. Carla].

Assim, se as pessoas atendidas no ônibus atribuíam, em parte a si, em parte ao Estado, uma espécie de culpa por não terem documentos, os juízes são unânimes em responsabilizar pela falta de documentação o "Estado". Responsabilizar o Estado é parte do que Herzfeld (2016) nomeia como "teodiceia secular da burocracia", em diálogo com a teodiceia religiosa de que fala Weber (1989). Se a teodiceia weberiana permite compreender como as crenças religiosas se mantêm diante de evidências de um mundo falho e permite explicar a persistência do mal em um mundo divinamente ordenado, a teodiceia secular de Herzfeld (2016:16) "provê as pessoas de meios sociais para lidar com o desapontamento". E, se a teodiceia religiosa busca respostas na transcendência (Weber, 1989), a teodiceia secular permite compreender por que a burocracia se mantém.

> O conceito de teodiceia secular é parte de um argumento maior, no qual eu proponho tratar a burocracia do Estado-nação como diretamente análoga ao sistema ritual de uma religião. Ambos são fundados no princípio da identidade: os eleitos como uma comunidade exclusiva, cujos pecados individuais dos membros não podem solapar a perfeição última do ideal partilhado por todos [Herzfeld, 2016:19].

A teodiceia secular é claramente acionada nas falas dos juízes, que identificam "um sistema injusto" e cheio de "privilégios", no qual o usuário é injustamente culpado por não ter documentos, quando, na verdade, é uma vítima. Uma das falas ("nós, como Estado") é explícita ao situar os juízes como parte desse Estado que não foi eficaz na garantia de direitos. Mais uma vez, questões morais entram em cena, e uma das juízas percebe isso quando critica o fato de pessoas documentadas muitas vezes reproduzirem o senso comum e culparem a pessoa sem documento por sua condição:

> A gente pensa na situação deles e já pensa criticando: como uma mãe engravida se não tem nem registro? Ou então algum colega ou técnico fala para a mãe: "Mas você tem um filho atrás do outro, não é?" [dra. Esther].

Por isso, na avaliação dela, um dos exercícios cotidianos mais difíceis de seu trabalho era evitar esse tipo de julgamento moral e entender que o direito ao registro independe do fato de a pessoa ter ou não cometido crimes, ter ou não se preocupado em registrar seu filho mais cedo, ter ou não se preocupado com métodos anticoncepcionais. Dupret (2006) e Eilbaum (2012), em análises etnográficas sobre instâncias judiciais, explicitam a clara relação entre a administração da justiça e as moralidades, bem como a forma como as interações entre operadores do direito e aquelas pessoas que buscam a Justiça culminam nas ações e decisões judiciais. Pude observar, nas audiências do ônibus do sub-registro, como elas refletem moralidades.

Entre as falas dos juízes e as falas dos entrevistados, fica muito claro um ponto de contato: o entendimento de que o registro abre caminho para outros direitos. Nas interpretações dos juízes sobre o papel da certidão de nascimento, estão explícitos o reconhecimento do documento como acesso a direitos ("Não é só o documento. Eles não conseguem outros direitos") e o hiperdimensionamento do significado atribuído ao registro como "definidor" de existência ("Como se para existir a pessoa precisasse de documento").

Outro conteúdo que se repete nas falas dos juízes é a discussão sobre o que chamo de primazia de direitos. Há um direito que deve preceder outro, uma ordem de direitos mais ou menos importantes? Nessa discussão, são essenciais os casos que tratei como "urgência de legibilidade". A cirurgia de Maria, a vaga na escola para a filha de Vânia, as visitas de Aparecida e Samia aos filhos presos são situações em que a busca pela certidão de nascimento se deve a algum motivo especial que exige solução rápida. Durante as audiências dessas pessoas, a pergunta que destaco, a partir da pesquisa etnográfica, é outra: por que é preciso esperar o documento para garantir outro direito, por exemplo, uma cirurgia? Mais do que pedir o que até então lhe fora negado, mesmo sendo direito, era essa a questão que surgia nas mesas das audiências.

Questionei vários juízes sobre isso e não ouvi de nenhum deles outra resposta que não alertasse para a compreensão de que, mesmo sem documento, era preciso garantir direitos prévios a pessoas ilegíveis. "Não há motivo de negar atendimento a uma pessoa por ela não ter documentos", me disse dra. Vitória em entrevista no dia 5 de maio de 2017. Em todas as ações que recebia, dra. Vitória costumava emitir uma ordem judicial para que, enquanto a certidão de nascimento não ficasse pronta, pois era necessário fazer pesquisas e verificações de praxe, o usuário não fosse impedido de conseguir aquilo de que necessitava de modo urgente. Assim, determinava, com o poder que a autoridade judicial lhe confere, que fossem garantidos a vaga na escola, o remédio, o tratamento médico, a inscrição em programas sociais. "A gente não está fazendo favor. A gente está sanando uma falha do Estado", explicava a juíza. E seguia, em entrevista no dia 26 de maio de 2017:

> É razoável negar atendimento médico a alguém apenas pelo motivo de a pessoa não ter documentação? Não é. Entendo a necessidade de identificação, os protocolos médicos, mas a saúde não pode depender de um documento [dra. Vitória].

Outros eixos que destaco nas falas dos juízes e das juízas são a preocupação com fraudes na identificação das pessoas sem documento e o papel decisivo das diferentes interpretações jurídicas. Selecionei algumas dessas falas:

A gente tem que levar em consideração aspectos de segurança jurídica, sempre de olho em possíveis fraudes [dra. Teodora].

A gente pode se deparar com pessoas querendo apagar a identidade pretérita, alguém que foi preso e quer mudar de nome ou alguém que quer assumir a identidade de alguém que morreu [dr. Aloisio].

A gente tem que fazer uma reinterpretação do que é legal. A gente não aplica só a lei, tem que pesar a decisão. O direito é isso [dra. Teodora].

A gente não pode ser burocrático. Tem de seguir as regras todas para não prejudicar a lisura do processo, mas esse trabalho exige um engajamento muito maior, um olhar com visão social [dra. Vitória].

A subjetividade está sempre presente [dra. Tânia].

Algum juízo de valor há. O que tentamos é fazer um registro correto, com as informações, que não seja leviano [dra. Marília].

Em sua análise sobre o trabalho de uma Unidad Fiscal de Instrucción (UFI) num bairro da região metropolitana de Buenos Aires, Eilbaum sustenta a importância de uma perspectiva sobre o funcionamento da Justiça que, em vez de priorizar apenas a "forma", quer dizer, o arcabouço legal, a validação jurídica, ou apenas "o fundo", isto é, o conteúdo de processos e decisões, observe precisamente a interseção das formas jurídicas com esse "fundo", as dissonâncias entre o saber técnico, as expectativas das pessoas envolvidas e as decisões judiciais resultantes desse contexto.

Em algumas situações, o respeito à forma ganhava tal importância que o fundo — o conteúdo dos relatos e das decisões — perdia consistência. Mas, em outros casos, a "forma" era utilizada e moldada com o único fim de que o (um) "fundo" fosse aceito como válido. Ora se priorizava um, ora se priorizava o outro, tal como podia ser feito pelo observador com aquelas figuras dos desenhos em preto e branco [Eilbaum, 2012:27].

Em sua etnografia, Eilbaum (2012) observa a preocupação constante de manter o respeito à forma, a fim de que a decisão não acabasse sendo anulada por ilegalidade, e demonstra que essa preocupação não anula a incidência decisiva de moralidades sobre as decisões. No dia 2 de junho de 2017, um caso que acompanhei no ônibus me ajudou a refletir sobre a interpenetração entre esses dois eixos de que fala Eilbaum — o fundo e a forma —, explicitando a preocupação com a fraude, a exigência da legalidade e o papel do juiz na interpretação da questão, ratificando a construção do saber jurídico como um saber local, no qual as ferramentas, técnicas e interpretações são decisivas.

Sônia, de 54 anos, chegou para a audiência no ônibus depois de ir ao Detran renovar sua carteira de identidade e lá ser informada de que, antes, outro problema deveria ser resolvido: no banco de dados do Detran, ela aparecia com duas certidões de nascimento, nas quais variava apenas o nome do pai. Sônia contou sua história à juíza que a atendia na sala de audiências 2: o pai biológico abandonara a família, sua mãe se casara de novo e o novo companheiro a tratara como filha. Por isso resolveu registrá-la, fazendo nova certidão de nascimento em um "cartório amigo".

A juíza compreendeu e disse que não havia problema, pois mandaria recuperar no banco de dados do Detran a certidão original, com o nome do pai biológico. Sônia teria, assim, o registro original, "verdadeiro". Ao receber a notícia, Sônia caiu em prantos. Disse que o pai biológico a abandonara e o padrasto a criara como filha, sendo, portanto, seu pai. A juíza escutou, tranquila, e mais uma vez explicou que não havia solução, pois o registro feito pelo padrasto era, legalmente, falso. Sônia disse que não queria o registro com o nome do pai biológico. O caso parecia sem solução.

Da sala 3, o promotor de plantão naquele dia ouviu tudo. Sugeriu: "Doutora, por que a senhora não faz com base no princípio da dignidade?". Diante da dúvida da juíza, explicou que a Constituição Federal brasileira tem entre seus preceitos o fundamento da dignidade humana (CF, art. 1º, III) e que isso permitiria a ela atender à demanda de Sônia com bases constitucionais. Da sala 1, a juíza (a mesma que, 15 dias antes, atendera o índio Akasu-j) ajudou a colega ao lado: "Sim, é possível alegar o princípio da dignidade humana e, sem se alongar muito, dizer que, diante da demanda da requerente, será dado o registro tal como solicitado por ela. Já fui defensora pública, fizemos assim uma vez e foi aceito, sem problema". A juíza da sala 2 relutava; afinal, o registro "verdadeiro" era o que fora feito primeiro, com o nome do pai biológico. O constrangimento era visível. O promotor percebeu: "Agora, se a doutora não se sentir à vontade...". A juíza da sala 2 disse: "É, de fato, não me sinto". E a juíza da sala 1 completou: "Mas eu me sinto! Quer mandar para mim? Faço na hora". A juíza da sala 2 concordou, Sônia mudou de mesa e saiu de lá com autorização para ter em sua certidão de nascimento o nome do padrasto.

Pedi que o promotor e a juíza da sala 1 falassem sobre aquele caso. O promotor explicou: embora o registro original fosse o que trazia o nome do pai biológico, obrigar Sônia a aceitá-lo era desconsiderar sua história, pois ela fora criada pelo padrasto, seu pai adotivo, e não pelo pai biológico, que a abandonara. O registro "verdadeiro", por lei, confrontava Sônia com o abandono, enquanto o outro de fato lhe conferia uma família. No entendimento do promotor, o princípio da dignidade, fundamento constitucional brasileiro respaldado em longa tradição jurídica, permitia aquela "licença", como chamou. A juíza da sala 1 explicou:

> Eu poderia anular o primeiro registro. Isso é certo também. Você tem uma interpretação mais restritiva ou mais elástica. Não é certo nem errado. O direito brasileiro tem como princípio geral a dignidade humana.

Essa é a finalidade do direito, garantir essa dignidade. Minha opção foi preservar esse direito, o direito à dignidade [dra. Carla].

Ao final, a juíza mandou conceder a Sônia o registro com o nome do padrasto. E repetiu o que me dissera no processo de Akasu-j: "As pessoas sentem muito poder em dizer não". Guardei essa frase como uma síntese do que as trajetórias das pessoas sem documento me relatavam: ao longo de suas vidas, nos cartórios, hospitais, balcões, juizados, muita gente "sentiu poder" em lhes dizer não.

Nos dois casos, de Akasu-j e Sônia, a luta para obter o registro de nascimento reflete também uma das buscas que identifiquei nesta pesquisa: a certidão de nascimento como elemento de recuperação e valorização da trajetória familiar. Era um elemento decisivo na valorização da própria identidade, e assim foi entendido pela juíza. Ao mesmo tempo, esses dois casos dialogam com a ideia do saber jurídico como um saber local, no qual "o que acontece" só acontece quando isso se dá aos olhos do direito, como alertava Geertz (1997). Em entrevista concedida a mim em 31 de março de 2017, Clara, técnica do ônibus, me havia alertado que eu veria diferenças entre as decisões, dependendo do juiz que estava no plantão, embora a lei fosse a mesma.

> Para trabalhar aqui no ônibus, não pode ser um juiz que julgue só com a lei, porque a gente se depara com casos que a lei nunca analisou antes. Não pode ser um juiz que venha para cá para buscar culpados, como aconteceu certa vez com um juiz muito famoso, estrela de uma vara criminal aqui do Rio. Ele achou que todo mundo que vinha aqui pedir o registro, na verdade, tinha cometido um crime e queria iludir a Justiça. Temos que ter esse cuidado? Claro que sim, e por isso fazemos a busca com a folha de antecedentes criminais. Mas, se a gente só enxergar isso, não faz o trabalho [Clara].

Por fim, na reconstituição da atuação dos juízes no trabalho do ônibus, destaco dois últimos pontos. Um deles é a forma como o trabalho de combate ao sub-registro oferece uma sensação de satisfação pessoal e profissional, além de muitas vezes comovê-los e exigir deles um olhar mais amplo, e não meramente "técnico". A seguir, alguns relatos de juízes e juízas sobre esses dois pontos:

> O nosso contato com a parte aqui é muito direto. A gente fica frente a frente. A pessoa agradece, quer abraçar, nos abençoa [dra. Vitória].

> Eles dizem: "Deus lhe abençoe, doutor, o doutor me fez gente". Muita gente aqui já saiu chorando [dr. João].

> Hoje o que mais gosto de fazer é isso. Me dá satisfação pessoal, pois faz diferença na vida de alguém [dra. Carla].

> Se emocionar, a gente se emociona sempre. As pessoas abraçam a gente. O juiz do sub-registro tem que ter um perfil de sensibilidade. A pessoa quer abraçar a gente, tirar foto. Tem um impacto direto na vida da pessoa [dra. Vitória].

> O sub-registro exige um *zoom*, um olhar além, entender o que faltou. Olhar não só tecnicamente. O sub-registro tangencia outras causas, raça, gênero [dra. Esther].

Fica claro o reconhecimento, por juízes e juízas, da relevância do trabalho desempenhado, bem como da criação de uma relação momentânea de proximidade com o usuário. Sai fortalecida a ideia de que, do juiz que vai trabalhar no combate ao sub-registro, exige-se um perfil específico, "de sensibilidade". Destaco a compreensão expressada por dra. Esther de que o sub-registro é uma questão que tangencia outras causas, como pobreza, raça e gênero. De fato, pude perceber, durante a pesquisa de campo, o entrelaçamento da temática do sub-registro com essas categorias e tratei de algumas aqui. Na temática de gênero, mulheres são as principais interlocutoras desse trabalho, tanto como pessoas que buscam a certidão de nascimento para si ou para seus parentes quanto como cuidadoras, juízas, operadoras do direito.

Por fim, o último ponto que destaco das falas dos juízes e das juízas é algo crucial para esta pesquisa: a discussão sobre a Justiça como garantidora de direitos e da execução de políticas públicas. Como enfrentar a questão do acesso à documentação no Brasil? O que precisa ser feito? O que o juiz pode fazer, já que, no caso do adulto sem nenhum documento, só um juiz pode garantir a emissão da certidão de nascimento? Alguns trechos destacados das conversas estão a seguir:

> O que a gente não pode fazer é simplesmente mandar a pessoa embora. Alguma coisa tem que ser feita. Toda vez que o registro é negado, o direito é negado [dra. Conceição].

> Vejo ainda um pouco de resistência dos cartórios, medo de fazer algo errado, de ser uma tentativa de fraude. E a pessoa segue sem o direito [dra. Hellen].

> Acho o trabalho do juiz muito violento. É um direito íntimo que não é garantido se não tiver a violência do juiz que vai lá e diz: "Registra". Vivemos numa sociedade violenta, mas o trabalho do juiz é de uma violência de igual intensidade [dra. Esther].

> Não vejo muita revolta, não... Quando há revolta, já é bom. A pessoa pelo menos já entendeu que foi lesada. Vejo mais apatia que revolta [dra. Esther].

> Tem que ter mais orientação aos pais e aos cartórios. Alguma coisa tem que ser feita [dra. Flavia].

> O trabalho aqui no ônibus é um resgate de um papel que o Estado deveria ter feito, mas agora, com um adulto, só a Justiça pode fazer. É também uma forma de pacificar um conflito social e de resgatar a pessoa como cidadã, como sujeito de direitos [dra. Margarida].

Nessa sucessão de falas, evidencia-se a compreensão dos juízes e das juízas de que, apesar de os dados apontarem a eventual erradicação do sub-registro de crianças, ainda está longe a solução para o problema do acesso à documentação no país. É claro também o entendimento do papel da Justiça como instância que não pode se abster de atuar, pois negar o registro é negar direitos. No caso de adultos sem documentos, dra. Margarida afirma: "Só a Justiça pode fazer". Destaco, ainda, duas falas de dra. Esther explicitando a violência do papel da Justiça em meio a uma sociedade violenta e sua percepção de uma apatia desses brasileiros e brasileiras indocumentados, mais do que revolta. A cidadania forjada na espera, como já escrevi aqui, é uma cidadania marcada pela submissão.

Cidadania, punição, direito e direitos são conceitos que emergem da etnografia das audiências no ônibus da Justiça Itinerante. O trabalho de campo permitiu reconstruir alguns eixos, como o lugar da memória, a punição que chega antes do benefício, a construção da verdade jurídica como resultado de variadas teias que se cruzam. A partir de tantos fragmentos, constrói-se no campo jurídico uma história com alguma inteireza, que permita ao juiz decidir como agir na garantia de direitos. O registro de nascimento é direito de todos — mas garantir a concessão desse direito a um brasileiro adulto é uma operação em que são mobilizadas muitas instâncias, como memória, conhecimento jurídico e interpretação. É um ato que se dá na interseção permanente entre "fundo" e "forma", entre saberes formais e vivências, entre legalidades e moralidades. Como bem percebeu a clarividente Clara, para ser juiz no ônibus da Praça Onze "é preciso julgar com algo mais que a lei".

4. "Agora eu vou viver a vida": o rito em funcionamento

O cartório da Vara da Infância, da Juventude e do Idoso abre às 11h, e o corredor dentro do prédio vai aos poucos sendo ocupado por pessoas que concluíram naquele dia as audiências no ônibus da Justiça Itinerante. Encaminhadas por um funcionário do ônibus, elas atravessam o pátio, entram no prédio pela portaria da frente e esperam a chegada da funcionária encarregada de fazer o registro de nascimento. Em setembro de 2016, a responsável pelo setor é Luísa, uma simpática estudante de história que demonstra muito interesse pela minha pesquisa. Luísa recebe a decisão judicial referente a cada processo e lança nos livros cartorários o registro do nascimento de cada uma daquelas pessoas. A partir do registro, emite a certidão de nascimento. Vai até o corredor, chama em voz alta o nome da pessoa e faz a leitura do documento com cada uma delas, conferindo todos os dados. Se estão corretos, entrega o documento e orienta: "Aqui está sua certidão, não pode perder nem plastificar". Muitas vezes ela é abraçada em sinal de gratidão.

Ao longo desta pesquisa, acompanhei muitas entregas de certidões de nascimento, entre elas as de Rita, Cristiane e sua filha Krícia. Enquanto Luísa lê seus dados no documento, Cristiane começa a chorar, e esse não foi o único choro que presenciei durante o ato de entrega da certidão de nascimento. Luísa pede que Cristiane confira. Há um erro no nome do pai de Krícia, e o documento será refeito naquele mesmo dia. Minutos depois, Luísa volta com o documento correto e repete a orientação: "Aqui está sua certidão, não pode perder nem plastificar".

Já Rita é só sorrisos ao receber o documento. Não chora. Pergunto o que ela faria a partir desse momento.

Agora vou me sentir viva, né? Com o registro na mão. Meu maior sonho era ter documentos, certidão. Sem documento, não existe. Enquanto não consegui, não sosseguei. Quero estudar, assinar minha carteira, abrir conta, tirar Bolsa Família para os meus filhos, que eles tenham direito. Quero a pensão dos meus filhos [Rita, 32 anos]

A observação de toda a rotina do ônibus da Justiça Itinerante me permite refletir sobre o registro de nascimento a partir do conceito de rito de instituição presente na obra de Bourdieu (1996) e central para esta pesquisa. Partindo do estudo sobre os ritos de passagem de Van Gennep, Bourdieu formula a ideia de "rito de instituição", propondo a compreensão do rito como um processo que modifica a condição de quem passa por ele, conferindo-lhe um novo *status*. O rito é a mediação que consagra, legitima e torna natural o que na verdade é arbitrário. É um efeito "quase mágico", diz, e o que o rito "declara" se torna verdade (Bourdieu, 1996). Essa mudança de *status* faz com que o autor decida designar tais ritos como "de instituição", pois eles instituem de fato linhas, limites, que separam as pessoas que passaram por esses ritos das pessoas que não o vivenciaram. Essa linha consagra uma diferença entre os dois grupos, atribuindo a quem passou pelo rito uma nova identidade.

> Assim, o ato de instituição é um ato de comunicação de uma espécie particular: ele notifica a alguém sua identidade, quer no sentido de que ele a exprime e a impõe perante todos (*kategoresthat* significa, originariamente, acusar publicamente), quer notificando-lhe assim com autoridade o que esse alguém é e o que deve ser [Bourdieu, 1996:101].

Uma das histórias de vida relatadas nesta pesquisa foi a de Valderez, a alagoana que teve a mãe assassinada pelo pai. No Rio, Valderez chegou a viver com uma tia, fugiu de casa, morou na rua e perdeu a certidão de nascimento. Abrigada por uma família, conseguiu, com a ajuda de um conhecido dessa família, fazer uma nova certidão.

No cartório, porém, o responsável achou que Valderez era nome de homem e lhe deu outro, Fabiana, escrito em uma certidão sem os nomes dos pais. Relembro que, na audiência, ela recebeu a opção de escolher entre duas certidões, dois nomes, duas vidas: Fabiana ou Valderez. E ela escolheu seu nome original, o que a conectava aos pais e aos irmãos.

Outra escolha que ajuda a entender a conexão entre nome e identidade é a de Dani, 25 anos, personagem já citado em alguns depoimentos, mas cuja história de vida ainda não detalhei. Entrevistei Dani no dia 25 de novembro de 2017, quando uma assistente social do comitê de Belford Roxo fez as apresentações, achando que eu poderia me interessar por aquele caso: "Venha conhecer Dani. O nome é de homem, mas ela tem o fenótipo de uma mulher".

Dani nasceu biologicamente como um menino, mas me contou que sempre se sentiu como uma menina. Gostava de brincar de boneca, casinha e ajudava com as crianças da rua. O pai morreu logo depois que ela nasceu, e sua mãe entrou numa longa e severa depressão, sem nunca ter cuidado de registrar a criança. O mesmo aconteceu com a irmã de Dani, Ana Gracie. Dani foi crescendo e sempre se sentiu menina. Aprendeu a ler e escrever "mais ou menos", com explicadoras particulares ou em pequenas escolas, mas interrompeu os estudos. Trabalhava de dia como cuidadora de crianças e de noite se prostituía.

Conversamos longamente, e Dani me concedeu uma entrevista gravada. Falou, e já referi em capítulo anterior, da vergonha que sentia por não ter documentos: "É horrível, você quer ir pra um lugar e não pode. Você praticamente não existe", resumiu. Disse que sua família aceitava sua identidade de gênero e que o problema prático mesmo era a questão da documentação, pois Dani achava que isso a impedia de conseguir um emprego melhor. Relatou-me ainda que não tinha certeza se faria a cirurgia de mudança de sexo, e, na audiência, recusou a oferta da juíza para ser registrada com um nome feminino, Daniele, ou apenas Dani. Usou o nome que lhe fora concedido pelos pais, Daniel. Perguntei por que não mudava, e Dani respondeu:

Acho que o nome do papel eu só vou mudar quando resolver fazer a cirurgia, sabe? Mesmo me sentindo mulher, ainda preciso ser homem. Quando faço programa, os homens querem que eu seja ativo com eles, não o contrário, você entende, né? Não é uma coisa que eu gosto, mas faço. Então, acho que, quando eu não precisar mais fazer isso, vou fazer a cirurgia e mudar o nome [Dani, 25 anos].

O nome também estava no centro da história de vida de Renata, que conheci no ônibus no dia 10 de março de 2017. Renata cresceu numa família de muitos irmãos sem documentos. Contou que não conheceu a mãe biológica e foi criada por uma prima, que a registrou na adolescência, no estado do Espírito Santo, onde a família morava. Renata me disse que, por um erro de cartório — e não posso deixar de me lembrar da afirmação de uma técnica do ônibus de que "o sr. Equívoco trabalha em vários cartórios" —, sua certidão de nascimento foi expedida com o nome de Renato. O documento, em vez de melhorar a vida de Renata, quem diria, trouxe um problema.

Eu virei motivo de chacota na escola, na família. Só riam de mim, diziam que eu tinha dois sexos, que eu era homem. Eu sabia que precisava mudar o registro, sempre quis mudar, mas não conseguia [Renata, 38 anos].

Renata deixou a escola na quinta série. Trabalhava como diarista, copeira, faxineira, fazia de tudo um pouco. Pariu oito filhos que, quando a conheci, contavam idades de 3 a 19 anos. Como o pai nunca quis registrar as crianças, ela as registrou sozinha, com seu documento, como se fosse o pai, Renato. As crianças estudavam e tinham cartão do Sistema Único de Saúde (SUS). O casamento, porém, desandava, e Renata sofria em casa a violência do marido, dependente químico:

Ele cheirava, bebia, fazia tudo. Queimava minhas coisas dentro de casa. Um dia tentou me matar e jogou em mim a panela de arroz quente. Quando estava doido, dizia que eu tinha nome de homem [Renata, 38 anos].

Ao longo da vida, Renata deu entrada na Justiça com nove ações de retificação de seu registro de nascimento e da certidão. Nunca obteve sucesso. No ônibus, *checkpoint* das vidas, memórias e registros, encontrou uma solução. A equipe técnica localizou o hospital em que Renata nascera e, a partir disso, o cartório que expediu a certidão errada. Uma nova ação começou, e a certidão de nascimento foi retificada. A partir dali, Renata conseguiu obter os outros documentos e modificou os dos filhos, passando a constar como mãe, com seu nome. Sorridente, mostrou-me a identidade e a carteira de trabalho. Preparava-se para solicitar o Bolsa Família e entrar com uma ação contra o ex-marido, cobrando pensão alimentícia para os filhos.

As histórias de vida de Valderez, Dani e Renata permitem voltar a Bourdieu e sua reflexão sobre o papel dos nomes próprios como parte constitutiva das identidades pessoais, sendo o nome um dispositivo que funciona como um marcador individual e único, "que integra a identidade do indivíduo em todos os campos possíveis onde ele intervém como agente, isto é, em todas as suas histórias de vida possíveis" (Bourdieu, 2011:78). Para Valderez, o nome tinha ligação com sua mãe, sua família, recuperava sua história. Para Dani, o nome de registro, ainda que em discordância com sua identidade feminina, lhe permitia acionar um duplo papel de gênero, de homem e/ou mulher. O direito ao próprio nome, para Valderez, Dani e Renata, se transfigurava no próprio rito de instituição: para uma, instituía a reconquista da família; para outro, instituía seu lugar biológico de homem mesmo sendo uma mulher transexual, até que Dani desejasse e se encontrasse em condições de sair daquele lugar — o que exigiria dela um novo rito, um novo registro. Renata fez da luta pelo próprio nome um motivo de resistência contra sua história de negação de direitos.

A partir do diálogo com Bourdieu, Ferreira (2009), em estudo etnográfico sobre pessoas enterradas sem identificação, Brasileiro (2008), em análise sobre o sub-registro de crianças, e Fonseca (2003), em estudo sobre batizados, recorrem ao conceito de rito como uma chave fundamental para a compreensão de seus objetos. Com a mesma chave fornecida pelo rito de instituição, Veron (2017), em estudo etnográfico sobre imigrantes sem documentos na França, no Canadá e na Argentina, destaca que o limite do arbitrário é instituído pelo rito que sanciona e santifica, e quem não é alcançado pelo rito torna-se de seus efeitos excluído. É, mais uma vez, a ideia de uma linha, uma fronteira — nacional, no caso dos imigrantes da etnografia de Verón, ou uma zona de incerteza, no caso dos brasileiros sem documentação.

Busco nessa linha de trabalhos inspiração teórica e metodológica para, ao final desta pesquisa de cunho etnográfico, afirmar que o registro de nascimento pode ser entendido como um rito de instituição na definição bourdieusiana, pois é um passo fundamental para a inserção do indivíduo na sociedade documentada. O registro identifica, define pertencimento, confere direitos e atribui ao agora cidadão o dever de manter-se documentado na sociedade que exige papéis. A certidão de nascimento é o documento resultante de um rito de instituição que define, atribui valor e gera obrigações e direitos. E, porque é rito de instituição, o documento separa, com uma linha, quem tem documentos e quem não tem. Essa linha é a invisibilidade social como cidadão — e quem não tem registro não é cidadão.

Mais uma vez, a ideia de um Estado como ente (Abrams, 2006) nos auxilia a problematizar o momento em que a pessoa sem documentos recebe sua certidão de nascimento. Como ela enxerga aquele papel e como se vê dali por diante? Os relatos obtidos na pesquisa de campo indicam que, do mesmo modo que a falta de documentação é associada pelo indivíduo à sua desconstituição como sujeito ("ninguém", "zero à esquerda" e "pessoa que não existe"), a chegada do documento é relatada como a redenção de todos os seus problemas anteriores. Rita, por exemplo, disse que se sentia viva. Uma síntese dessa expectativa — o documento como redenção — é trazida pela reação de Damiana, mulher negra, analfabeta, mãe de cinco filhos, todos, como ela, sem registro de nascimento.

Como já relatei em capítulo anterior, Damiana chegou ao ônibus levada por uma assistente social que localizou seu filho jogando bola na rua em horário escolar. Desempregada, em situação de extrema vulnerabilidade, Damiana falava pouco e dizia que queria apenas o Bolsa Família para os filhos, ou seja, enquadrava-se no que classifiquei como busca do registro de nascimento para acesso pleno a políticas públicas e benefícios sociais. Recebeu a certidão no dia 14 de outubro de 2016, quando a entrevistei e gravei alguns vídeos com ela e os dois filhos que a acompanhavam — todos foram registrados naquele mesmo dia.

Chamada por Luísa para receber a certidão, Damiana não escondia a felicidade. Ria, pulava e confirmava com a cabeça os dados lidos pela funcionária do cartório. As crianças, Lázaro e Ana Raquel, foram registradas apenas com o nome dela, sem identificação paterna, situação comum no país e estudada por Thurler (2009) e Brasileiro (2008). Damiana só ria. Ao final, abraçou Luísa. Gravei a cena e pedi que ela chamasse os filhos. Perguntei o que ela faria a partir dali: "Agora eu vou viver a vida", respondeu.

Insisti com Damiana, novamente gravando em vídeo. Perguntei o que ela esperava dali por diante. Disse que queria uma casa, pois morava num barraco, e que queria um trabalho melhor, além de matricular os filhos na escola. E queria o Bolsa Família. Assim, "agora eu vou viver a vida", a resposta que ela me concedeu, era também a síntese do que ela esperava, desejava, necessitava: o acesso a direitos até então negados e que ela entendia como uma redenção. Ao seu lado, o filho completou: "Vamos comprar uma casa". "Agora eu vou viver a vida" era ao mesmo tempo o reconhecimento dessa existência sem direitos e a esperança de que o documento a ajudasse a conseguir o que até então lhe faltava.

Drotbohm (2017), em estudo sobre moradores de Cabo Verde que sonham em deixar o país — emigrar é uma experiência rotineira para os cabo-verdianos —, mostra como a busca pelo visto e a obtenção do documento são associadas por essas pessoas a sentimentos como incerteza, mas também, e principalmente, esperança. A autora observa, em todo o processo de três jovens na busca pelo visto, três dimensões nas quais o sentimento de esperança é produzido: a construção de redes de relacionamento, ou seja, pessoas que precisavam ser buscadas, em Cabo Verde e no exterior, para permitir que o jovem tenha contatos; a organização do conhecimento, traduzida na forma como o candidato a migrante constrói seu dossiê de papéis e informações; e as performances burocráticas na solicitação do visto.

Segundo Drotbohm (2017), o processo todo de obtenção do visto deve ser entendido não apenas como uma rotina formal de juntar documentos e informações, mas um processo afetivo e coletivo, no qual o sentimento de esperança está presente do início ao fim, não de modo linear, mas em curvas irregulares, indo e vindo, perpassando as esferas do individual, do social e do institucional.

> Essas dimensões coletivas, institucionais e afetivas da esperança não acabam na fronteira. Requerentes do visto que negociaram com sucesso essa longa trajetória de interpretação, relacionamentos, submissão, diálogo e confiança, que conseguiram o visto e se transformaram em viajantes internacionais, serão sempre acompanhados pela esperança dos que virão depois deles [Drotbohm, 2017:36].

Drotbohm (2017) destaca que a esperança trazida pelo visto não se esgota em um caso. Quem consegue sair de Cabo Verde para realizar o projeto de emigrar se transforma em referência para outros, como um multiplicador de esperança renovada em telefonemas, cartas, visitas. Pude observar esse mesmo sentimento de esperança, de redenção, trazido pela certidão de nascimento para as pessoas que obtiveram o documento no ônibus. Como mostram os relatos de Rita, Cristiane, Damiana, a certidão de nascimento era vista por elas e pelos outros usuários do ônibus não apenas como um papel, mas como a chave para uma nova vida, numa esperança impressa e carimbada.

Do mesmo modo, pude observar que todos os que obtiveram no ônibus suas certidões de nascimento imediatamente se lembravam de alguém, amigo ou parente, que também não tem o documento, e manifestavam interesse em levar essa pessoa para conhecer o serviço do ônibus. Transformam-se, assim, em multiplicadores dessa noção do documento como um direito que deve ser acessível a todos, multiplicadores dessa esperança de uma vida documentada.

Porque é rito de instituição (Bourdieu, 1996), o registro de nascimento confere às pessoas que obtêm a certidão um *status* que elas nunca tiveram, separando-as do conjunto das pessoas adultas sem documentação. A partir dali, poderiam tirar outros documentos e solicitar o Bolsa Família para seus filhos, e seus relatos explicitam uma expectativa de que o registro possa reconstruir existências vividas nas margens do Estado (Das e Poole, 2004), o que, em termos concretos, significa, entre tantas outras experiências, trabalho sempre informal e educação precária, quando não inexistente. O documento, como explicitado por vários autores, é percebido por essas mulheres como chave para acesso a direitos, benefícios e serviços — acesso à cidadania e à esperança.

Certidão de um homem que buscava a segunda via do documento. Foto: Fernanda da Escóssia.

Considerações finais

"Eu até me sinto uma pessoa melhor": a existência ganha registro

Um ano depois, não consigo localizar Rita para saber o que aconteceu com ela. Seus telefones não atendem. Tenho mais sorte com Cristiane, e volto a entrevistá-la em 18 de agosto de 2017. Cristiane continua trabalhando na mesma casa na zona sul do Rio, como cuidadora de idosos, e me conta que, com a certidão de nascimento, tirou todos os outros documentos, CPF, carteira de identidade, título de eleitor e carteira de trabalho. Conseguiu inscrever-se no programa Bolsa Família, seu objetivo imediato quando procurou o ônibus, e passou a receber o benefício para a neta. Sua filha, Krícia, voltará a estudar no ano seguinte. "Coisa impressionante como um papel muda a vida da gente. Eu até me sinto uma pessoa melhor."

Ao longo desta pesquisa, mesmo depois de ter encerrado o trabalho de campo no ônibus, continuei mantendo contato com Cristiane. Um amigo me apresentou, no início de 2018, a um grupo de pesquisadores do Instituto de Tecnologia e Sociedade (ITS), organização não governamental voltada para estudos de tecnologia e seu impacto no cotidiano. Num evento realizado pelo ITS em agosto daquele ano, um dos temas foi de que forma a tecnologia poderia melhorar o acesso à documentação no Brasil. Apresentei Cristiane à equipe do ITS, e, a convite deles, ela participou do evento em São Paulo, relatando sua experiência para conferencistas nacionais e internacionais.

Em 22 de janeiro de 2019, falei novamente com Cristiane. Ela me contou que recebeu um cachê de R$ 5 mil por ter ido ao evento em

São Paulo e que havia andado de avião pela primeira vez. Continuava no mesmo emprego, como cuidadora de idosos, com carteira assinada. Krícia, sua filha, estava trabalhando numa esmalteria, mas sem carteira. Cristiane havia voltado a estudar, mas, como se mudou, saiu da escola e planejava voltar para cursar a sétima série. Tinha também uma conta bancária e um telefone fixo em casa. Perguntei em quem ela havia votado, e ela disse que em Jair Bolsonaro para presidente e em Wilson Witzel para governador.[10] Até o dia em que falei com Cristiane, ela disse que não havia solicitado o Bolsa Família para a neta, porque não sentia necessidade, pois seu salário, mais a renda da filha, garantia o sustento. Perguntei como estava sua vida com documentos:

> A vida está melhor, não dependo mais de ninguém. Vou ao hospital, mostro meus documentos, não tenho vergonha. Muda a vida da gente, né? Tem gente que diz que não muda, mas muda sim. Agora quero trazer uma prima, que também não tem certidão [Cristiane, 36 anos].

Consegui localizar e entrevistar outras pessoas que eu conhecera no ônibus, com o propósito de conversar sobre o impacto do documento em suas vidas. Obtive informações sobre algumas delas por intermédio de assistentes sociais ou funcionários públicos que as haviam acompanhado até o serviço do ônibus. Algumas daquelas com quem falei me trouxeram detalhes de como haviam obtido, graças ao registro, direitos e benefícios aos quais nunca tinham conseguido acesso.

Em 24 de agosto de 2017, falei mais uma vez com Dani, a mulher trans que optou pelo nome masculino na certidão. Ela me disse que, com o registro, tinha obtido os outros documentos, como a carteira de identidade e o CPF. Apresentou-se para o serviço militar e foi dis-

---

[10] Nas eleições gerais de 2018, o candidato de extrema direita Jair Bolsonaro (PSL) disputou a presidência da República com Fernando Haddad (PT). O ex-presidente Luiz Inácio Lula Silva, inicialmente o candidato petista, foi preso e não pôde disputar. Haddad o substituiu. No Rio de Janeiro, o juiz aposentado Wilson Witzel, aliado de Bolsonaro, foi eleito governador.

pensada. Seguia sem fazer a cirurgia de mudança de sexo. Perguntei se estava trabalhando, e ela me disse: "Continuo na mesma vida, de dia cuidando de crianças, de noite fazendo aquilo que você já sabe", referindo-se aos programas. Perguntei se a vida dela estava melhor. Dani disse que sim, pois com os documentos conseguia fazer planos, e o projeto daquele momento era fazer um curso prático de enfermagem. Voltou a falar da vergonha por não ter documentos: "É uma coisa muito íntima, mas eu tinha vergonha de não ter documentos. Hoje me sinto mais aliviada".

Consegui também saber o que aconteceu com Paulo, o lutador de MMA que chorou ao ver que não receberia sua certidão naquele dia. Em contato telefônico realizado no dia 24 de agosto de 2017, sua irmã Isabelle me disse que ele, com a certidão de nascimento, conseguiu tirar os outros documentos. Estava trabalhando de carteira assinada num supermercado. Segundo Isabelle, Paulo estava namorando e planejava fazer um curso supletivo, já que nunca fora à escola. O rapaz ainda não havia registrado a filha de 2 anos que tivera de um relacionamento anterior. Isabelle disse que os dois conseguiram, a muito custo, levar até o ônibus a mãe que os abandonara na infância, para que ela confirmasse a maternidade do rapaz. Entretanto, o contato com a mãe não foi retomado depois daquele dia, e a recuperação dos laços familiares não se configurou.

No caso de Valderez, cuja história de vida já foi contada ao longo do livro, a busca pela documentação de fato fez com que ela reconstituísse os laços familiares. Relatei nesta pesquisa como, na busca pela certidão original, Valderez reencontrou uma irmã, Valdenice, que não via fazia 21 anos, e a partir dali reencontrou outros cinco irmãos.

Em 22 de janeiro de 2019, voltei a falar com Valdenice por telefone. Ela me contou que continuava muito próxima de Valderez (então sem telefone) e que as duas haviam passado o Natal juntas, com os respectivos filhos e netos. Valdenice contou que os outros irmãos ficaram felizes de reencontrar Valderez e afirmou que a irmã havia concluído o processo de modificar toda a documentação para retirar o nome que lhe fora imposto, Fabiana, e recuperar o original, Valderez. "Agora ela tem uma família, conseguimos ficar juntas, como todo mundo. Ela é outra pessoa", contou.

Falei muitas outras vezes com Maria da Conceição, a mulher que queria o registro de nascimento para fazer uma cirurgia e retirar um tumor maligno no seio esquerdo, depois daquela primeira entrevista, realizada no dia 14 de outubro de 2016. Antes mesmo de conseguir o registro, Maria obteve, de um juiz do ônibus, a ordem judicial para que o tratamento dela fosse iniciado. Depois, quando recebeu a certidão, o tratamento continuou, e ela tirou a identidade, o CPF e o título de eleitor. Como nunca havia contribuído para o INSS, não conseguiu aposentadoria, mas obteve o benefício do auxílio-doença, que lhe garantia, em janeiro de 2019, cerca de R$ 930 mensais.

Em janeiro de 2017, Maria iniciou a quimioterapia no hospital Antônio Pedro, em Niterói. Em agosto, me relatou que o câncer era inoperável, mas o tumor vinha regredindo bem com a medicação. Ela já tinha então identidade e CPF. Estava recebendo o auxílio-doença. Em agosto de 2018, Maria me disse que o câncer se espalhara para os ossos e que ela já havia tirado o título de eleitor, mas não sabia em quem votar.

Em 22 de janeiro de 2019, telefonei novamente. Ela me disse que os médicos lhe explicaram que não havia mais muito a fazer, e que tomava comprimidos de morfina e injeções da droga na veia para diminuir as dores. Contou que se sentia muito fraca, que estava pesando apenas 35 quilos e que perdera o tato, precisando agora de ajuda de vizinhos para cozinhar e cortar sua comida. Uma filha, que morava perto, não a ajudava muito. Falou que votara pela primeira vez. No primeiro turno, anulou tudo. No segundo, votou, a pedido de amigos que conhecera no ônibus, num candidato, mas não lembrava o número. "Votei nesse que perdeu", lembrou e confirmou que fora no 13.[11] Perguntei como estava sua vida com os documentos.

---

[11] Era 13 o número do candidato petista Fernando Haddad, derrotado por Jair Bolsonaro.

É uma vida muito diferente. Chego no hospital, me pedem a identidade, eu mostro com o maior orgulho. É um ouro que não tem preço. Antes eu não vivia. Agora eu sou rica. Eu antes não podia fazer nada. Pra mim todo o ouro do mundo não tem o valor desse documento. Se eu ganhasse na loteria, eu não era tão feliz. Além do mais, quando eu morrer vou ter nome no túmulo [Maria da Conceição, 52 anos].

Reencontrei Maria pela última vez no ônibus em 1º de novembro de 2019. Estava melhor de saúde e feliz com sua documentação completa. Voltara ao ônibus para acompanhar uma vizinha sem documentos que tentava tirar a certidão de nascimento. Da vida de improviso, de sentir-se como se não existisse, Maria tornara-se uma *tutora social*. Maria, assim, encontrou no fim da vida a legibilidade que lhe fora negada ao longo da existência. E, quando morresse, não seria enterrada como indigente, um dos temores mais frequentes nos relatos que ouvi das pessoas sem documento. Na morte, ganharia a legibilidade que tanto buscara em vida. Maria deixou de viver nas margens? Diante do que sempre teve, sim. Diante do que poderia ter sido, não. Para Maria e muitas pessoas que conheci no ônibus, as margens, exatamente como lembram Das e Poole (2004), são, mais do que um lugar, uma forma ambivalente de organização da existência, da qual não se sai apenas com um papel.

Não consegui mais encontrar Damiana, que iria "viver a vida", nem Rita, que escondera do namorado sua condição de pessoa indocumentada. Yara, a assistente social que levara Damiana ao ônibus, disse que a vida dela seguia "no mesmo ritmo, no mesmo barraco". O conjunto dos relatos permite refletir sobre o efeito da obtenção do registro e da certidão de nascimento. Cristiane tirou a carteira de trabalho e fazia planos de voltar a estudar, mas sua filha seguia trabalhando na informalidade. Maria obteve o tratamento contra o câncer e um auxílio-doença. Paulo conseguiu emprego formal. Dani conseguiu os documentos, mas não obteve trabalho formal e seguia no mercado do sexo. Valderez continuava sem emprego, embora ao lado da família.

Com este livro chegando ao fim, é hora de consolidar algumas conclusões, talvez mais do que conclusões, caminhos de reflexão sobre a temática das pessoas sem documento. Os relatos da vergonha por não ter documentos e as afirmações de que não existem, embora existam, iluminam o lugar do nome como um direito e do registro de nascimento como representação desse direito, sendo a falta do documento associada à ausência de direitos. A reconstituição das histórias de vida dessas pessoas também permite concluir que o registro de nascimento tem uma finalidade que vai além de suas necessidades imediatas. No processo de obtenção do documento, muitas pessoas buscam reconstruir a própria história e recuperar laços familiares. A busca pela documentação carrega outra busca, por direitos, acesso à cidadania e recuperação da própria história.

Outra conclusão obtida da pesquisa de campo vem da reconstrução do percurso das pessoas sem certidão de nascimento. Na arquitetura do edifício burocrático estatal, a *síndrome do balcão* pode ser entendida como parte do processo de construção de uma espera submissa, que gera vergonha e culpa, atrasando ainda mais o acesso a direitos negados, embora universais.

Nesse sentido, o ônibus da Praça Onze pode ser entendido como um *checkpoint*, o lugar no qual o indivíduo sem documento vai encerrar a busca de balcão em balcão e onde receberá a certidão que o tornará legível aos olhos do Estado. O ônibus é um *checkpoint* no qual as vidas das pessoas indocumentadas são escrutinadas para que elas provem que são quem dizem ser; a partir dali, são emitidos para essas pessoas documentos que se transformam em chave para acesso a direitos — teoricamente, a chave para que deixem de viver nas margens do Estado. Mas o ônibus é também um lugar de acolhida, um ponto de chegada no qual a busca se encerra.

No entanto, depois de tantos anos sem acesso pleno a direitos, será a certidão de nascimento suficiente para que aquelas pessoas deixem as margens, como lugares de exclusão e acesso reduzido a direitos? Desta pesquisa resta comprovado que o registro de nascimento, além de sua finalidade imediata — conseguir outro documento, uma vaga em escola, o Bolsa Família —, é também um documento que permite o acesso a outros direitos. Facilita o acesso a políticas públicas, emprego formal e legibilidade, além de carregar consigo condições para os processos de recuperação dos laços familiares. Pode ser uma chave formal para que se tente garantir direitos e acesso a uma cidadania que, se em tese é universal, muitas vezes se realiza como diferenciada.

Mais uma vez, percebe-se a falta de documentação de adultos como uma temática transversal, em conexão com outras questões, como pobreza, desemprego e acesso a políticas públicas. Esta pesquisa foi realizada no Centro do Rio de Janeiro. Como será no restante do país? A dificuldade que funcionários do ônibus expressaram para obter informações em outros cartórios, por exemplo, é um indicador da falta de articulação entre instâncias, formas e lógicas do sistema de documentação, edifício burocrático crucial para o acesso a políticas públicas e direitos. Esse é um dos motivos pelos quais esta pesquisa não se encerra aqui, permitindo buscar novas reflexões e discutir políticas públicas para a questão dos adultos sem documento. Depois de mergulhar nas vivências das pessoas sem documento, desejo, num futuro próximo, investigar caminhos capazes de melhorar o acesso à documentação.

Em 2017, a Corregedoria Nacional de Justiça, órgão ligado ao Conselho Nacional de Justiça, determinou a regulamentação e padronização das certidões de nascimento emitidas no Brasil (CNJ, 2017b). De acordo com o Provimento nº 63, a criança deverá receber ao nascer um número de CPF, que deverá constar na certidão, incluindo assim o recém-nascido num cadastro nacional. O mesmo provimento permite também que as certidões tragam o nome de dois pais ou duas mães, ou de padrastos, e que o local de nascimento não seja necessariamente o do parto, mas também o de residência da mãe. As mudanças indicam o debate contínuo sobre a temática do registro e do sub-registro, bem como ratificam as reflexões desta e de outras pesquisas sobre a centralidade do documento como artefato burocrático — centralidade que se apresenta repetidamente, como já explicitado aqui, na percepção que as pessoas sem documento manifestam sobre o papel da certidão e a falta dela.

Do relato de Cristiane, chamo a atenção para o fato de que ela diz se sentir "uma pessoa melhor". Afinal, ela não é a mesma pessoa? Bourdieu (1996:102) afirma que o rito de instituição contém uma magia performativa: "'Torne-se o que você é', eis a fórmula que subentende a magia performativa de todos os atos de instituição". A magia da certidão de nascimento tem efeitos distintos para aqueles que obtêm o documento. De modo imediato e universal, garante a legibilidade formal e a possibilidade de acesso a outros documentos e direitos; mas a garantia de mudança da condição social, de "saída" da margem, se relaciona a outros fatores, como inserção no mercado e escolarização.

A certidão de nascimento é associada, por fim, à produção e à renovação de um sentimento de esperança depois de tantos anos de direitos negados. Não à toa, muitos usuários do ônibus dizem que "nasceram de novo" ao receber o documento. Maria, mesmo muito doente, dizia que se ganhasse na loteria não sentiria a felicidade que sentia por ter o documento — que ela comparava a ouro. Para muitas pessoas que entraram no ônibus sem nenhum documento e saíram dele com a certidão, o registro representou o primeiro passo para que conseguissem um papel que é ao mesmo tempo um documento, um reconhecimento de um direito que até então lhes fora negado e a chave para novos direitos. Um papel que traz esperança, embora seja só um passo no longo caminho da cidadania.

Referências

ABRAMS, Philip. Notes on the difficult of studying the State. In: SHARMA, Aradhana; GUPTA, Akhil (Ed.). *The anthropology of the State*: a reader. Oxford: Blackwell, 2006. p. 112-130.

ALMEIDA, Carlos Ferreira de. *Publicidade e teoria dos registros*. Coimbra: Almedina, 1966.

AYUERO, Javier. Patients of the State: an ethnographic account of poor people's waiting. *Latin American Research Review*, v. 46, n. 1, p. 5-29, 2011.

BECKER, Howard. *Métodos de pesquisa em ciências sociais*. São Paulo: Hucitec, 1997.

_____. *Segredos e truques da pesquisa*. Rio de Janeiro: Zahar, 2007.

BLAY, Eva. *Trabalho domesticado*: a mulher na indústria paulista. São Paulo: Ática, 1978.

BOAS, Franz. Recent anthropology. *Science*, n. 98, p. 334-337, 1943.

BOURDIEU, Pierre. *O poder simbólico*. Lisboa: Difel; Rio de Janeiro: Bertrand Brasil, 1989.

_____. *A economia das trocas linguísticas*. São Paulo: Edusp, 1996.

_____. *Meditações pascalianas*. Rio de Janeiro: Bertrand Brasil, 2001.

_____. *Razões práticas*: sobre a teoria da ação. Campinas: Papirus, 2011.

_____; CHAMBOREDON, Jean-Claude; PASSERON, Jean-Claude. *A profissão de sociólogo*: preliminares epistemológicas. Petrópolis: Vozes, 2002.

BRASIL. Presidência da República. Casa Civil. *Decreto nº 678*, de 6 de novembro de 1992. Brasília: Presidência da República, 1992.

_____. Presidência da República. Casa Civil. *Decreto nº 6.289*, de 6 de dezembro de 2007. Brasília: Presidência da República, 2007.

_____. *Constituição da República Federativa do Brasil*. 55. ed. São Paulo: Saraiva Educação, 2018. (Obra coletiva de autoria da editora Saraiva com a colaboração de Livia Céspedes e Fabiana Dias da Rocha.)

BRASILEIRO, Tula Vieira. *"Filho de"*: um estudo sobre o sub-registro de nascimento na cidade do Rio de Janeiro. Tese (doutorado em educação) — PUC-Rio, Rio de Janeiro, 2008.

_____. O comitê gestor estadual de políticas de erradicação do sub-registro civil de nascimento e a ampliação do acesso à documentação básica do Rio de Janeiro: um zoom sobre sua trajetória. In: MINISTÉRIO PÚBLICO DO ESTADO DO RIO DE JANEIRO. *Acesso à documentação*. Rio de Janeiro: MPRJ, 2017. p. 47-79.

BUVINIC, M.; CAREY, E. *Leaving no one behind*: CRVS, gender and the SDGs. Ottawa: International Development Research Centre, 2019.

CAPLAN, Jane; TORPEY, John. Introduction. In: _____; _____. *Documenting individual identity*: the development of State practices in the modern world. Princeton, NJ: Princeton University Press, 2001. p. 1-12.

CARRARA, Sérgio. A ciência e doutrina da identificação no Brasil ou do controle do eu no templo da técnica. *Boletim do Museu Nacional*, n. 50, 10 dez. 1984.

CARVALHO, José Murilo de. Cidadania, estadania, apatia. *Jornal do Brasil*, p. 8, 24 jun. 2001.

_____. *Cidadania no Brasil*: o longo caminho. Rio de Janeiro: Civilização Brasileira, 2008.

CASTRO, Mary; LAVINAS, Lena. Do feminismo ao gênero: a construção de um objeto. In: COSTA, A.; BRUSCHINI, C. (Org.). *Uma questão de gênero*. Rio de Janeiro: Rosa dos Tempos, 1992. p. 216-251.

CAVENAGHI, Suzana; ALVES, José Eustáquio Diniz. Mulheres chefes de família no Brasil: avanços e desafios. *Estudos sobre Seguros*, ed. 32, Escola Nacional de Seguros, mar. 2018. Disponível em: <www.ens.edu.br/arquivos/mulheres-chefes-de-familia-no-brasil-estudo-sobre-seguro-edicao-32_1.pdf>. Acesso em: 3 fev. 2019.

CNJ (Conselho Nacional de Justiça). *Presos enfrentam falta de registro civil para ressocialização*. Agência CNJ de Notícias, 7 jul. 2017a. Disponível em: <www.cnj.jus.br/noticias/cnj/85051-presos-enfrentam-falta-de-documentos-para-a-ressocializacao>. Acesso em: 10 fev. 2019.

_____. *Provimento nº 63*, de 14 de novembro de 2017b. Disponível em: <www.cnj.jus.br/busca-atos-adm?documento=3380>. Acesso em: 5 fev. 2019.

CORRÊA, Diogo Silva. *Anjos de fuzil*: uma etnografia das relações entre igreja e tráfico na Cidade de Deus. Tese (doutorado em sociologia) — Uerj, Rio de Janeiro, 2015.

CUNHA, Neiva; FELTRAN, Gabriel. Apresentação do Dossiê Fronteira Urbanas. *Contemporânea*: revista do Programa de Pós-Graduação em Sociologia da UFSCar, v. 3, n. 2, p. 261-263, 2013.

DAMATTA, Roberto. *Carnavais, malandros e heróis*. Rio de Janeiro: Rocco, 1997.

_____. A mão visível do Estado: notas sobre o significado cultural dos documentos. *Anuário Antropológico*, Rio de Janeiro, Tempo Brasileiro, n. 99, p. 37-64, 2002.

DAS, Veena. O ato de testemunhar: violência, gênero, subjetividade. *Cadernos Pagu*, n. 37, p. 9-41, jul./dez. 2011.

_____; POOLE, Deborah. *Anthropology in the margins of the State*. Novo México: School of American Research Press, 2004.

DROTBOHM, Heike. How to extract hope from papers: classificatory performances and social networks in Cape Verdean Visa Applications. In: KLEIST, Nauja; THORSEN, Dorte. *Hope and uncertainty in contemporary African migration*. Nova York: Routledge, 2017. p. 1-39.

DUPRET, Baudouin. *Le jugement en action*: ethnométhodologie du droit, de la morale et de la justice en Egypte. [S.l.]: Librairie Droz, 2006. p. 491. Disponível em: <https://halshs.archives-ouvertes.fr/halshs-00197131/document>. Acesso em: jan. 2021.

EILBAUM, Lucía. *O bairro fala*: conflitos, moralidades e justiça no conurbano bonaerense. São Paulo: Hucitec, 2012.

ESCÓSSIA, Fernanda da. País forma gerações de sem-documentos. *Folha de S.Paulo*, São Paulo, 1º jan. 2003.

_____. Histórias de vidas sem registro. *O Globo*, Rio de Janeiro, 29 maio 2005.

_____. A fila dos invisíveis. *O Globo*, Rio de Janeiro, 8 dez. 2014a.

_____. Nos presídios, 10% não têm documentos. *O Globo*, Rio de Janeiro, 9 dez. 2014b.

_____. Síndrome do balcão atrasa busca por documentos. *O Globo*, Rio de Janeiro, 11 dez. 2014c.

FALCÃO, Joaquim (Org.). *Pesquisa científica e direito*. Recife: Massangana, 1983.

FELTRAN, Gabriel. Periferias, direito e diferença: notas de uma etnografia urbana. *Revista de Antropologia*, São Paulo, USP, v. 53, n. 2, p. 565-610, 2010.

FERREIRA, Letícia Carvalho de Mesquita. *Dos autos da cova rasa*: a identificação de corpos não identificados no Instituto Médico-Legal do Rio de Janeiro, 1942-1960. Rio de Janeiro: Finep; E-papers, 2009.

_____. Apenas preencher papel: reflexões sobre registros policiais de desaparecimento de pessoa e outros documentos. *Revista Mana*, v. 9, p. 39-68, 2013.

_____. Formalidades, moralidades e disputas de papel: a administração de casos de crianças desaparecidas no Rio de Janeiro. *Dilemas*: revista de estudos de conflito e controle social, v. 8, n. 2, p. 207-234, 2015.

FGV CPDOC. Arquivo FGV CPDOC. Projeto "Arqueologia da reconciliação". Entrevista de Nilmário Miranda, concedida em 27 de março de 2015, no Rio de Janeiro, pho_2230. Disponível em: <www.fgv.br/cpdoc/historal/arq/Entrevista2230.pdf>. Acesso em: jan. 2021.

FONSECA, Claudia. Ritos de recepção: nomes, batismos e certidões como formas de inscrição da criança no mundo social. In: SOUSA, Sonia M. Gomes. (Org.). *Infância e adolescência*: múltiplos olhares. Goiânia: Ed. UCG, 2003.

FOUCAULT, Michel. *Vigiar e punir*. Petrópolis: Vozes, 1987.

_____. *Microfísica do poder*. Rio de Janeiro: Paz e Terra, 2015.

FREIRE, Lucas. Certificações do sexo e gênero: a produção da verdade nos pedidos judiciais de requalificação civil de pessoas transexuais. *Mediações*, Londrina, v. 20, n. 1, p. 89-107, jan./jun. 2015.

FRESTON, P. *Evangélicos na política brasileira*: história ambígua e desafio ético. Curitiba: Encontrão, 1994.

GALANTER, Marc. Acesso à Justiça em um mundo com capacidade social em expansão. In: FERRAZ, Leslie (Coord.). *Repensando o acesso à Justiça no Brasil*: estudos internacionais. Aracaju: Evocati, 2016. v. 2, p. 16-31.

GARRIDO, Beatriz; LEONARDOS, Leilá. O movimento que está sacudindo o Brasil para promover o registro civil de nascimento. In: MINISTÉRIO PÚBLICO DO ESTADO DO RIO DE JANEIRO. *Acesso à documentação*. Rio de Janeiro: MPRJ, 2017. p. 23-28.

GAULIA, Cristina. Justiça Itinerante: ampliação democrática do acesso à Justiça. *Revista de Direito da Cidade*, v. 6, n. 1, p. 208-217, 2014.

_____. Políticas públicas do Poder Judiciário: ressignificação do princípio da eficiência de prestação jurisdicional sob a ótica do neoconstitucionalismo. *Passagens*, Rio de Janeiro, v. 10, n. 1, p. 104-124, jan./abr. 2018.

GEERTZ, Clifford. *O saber local*: novos ensaios em antropologia interpretativa. Petrópolis: Vozes, 1997.

GEORGES, Isabel P. H; SANTOS, Yumi Garcia dos. Olhares cruzados: relações de cuidado, classe e gênero. *Tempo Social* [online], v. 26, n. 1, p. 47-60, 2014. Disponível em: <http://dx.doi.org/10.1590/S0103-20702014000100004>. Acesso em: 5 fev. 2019.

GODOI, Rafael. *Fluxos em cadeia*: as prisões em São Paulo na virada dos tempos. Tese (doutorado em sociologia) — USP, São Paulo, 2015.

GONZALES, Roberto G.; CHAVEZ, Leo R. Awakening to a nightmare: abjectivity and illegality in the lives of undocumented. *Current Anthropology*, v. 53, n. 3, jun. 2012.

GRYNSZPAN, Mario. Acesso e recurso à Justiça no Brasil: algumas questões. In: PANDOLFI, Dulce et al. (Org.). *Cidadania, justiça e violência*. Rio de Janeiro: FGV Ed., 1999. p. 99-113.

HALBWACHS, Maurice. *A memória coletiva*. São Paulo: Centauro, 2006.

HEILBORN, Maria Luiza; SORJ, Bila. Estudos de gênero no Brasil. In: MICELI, S. (Org.). *O que ler na ciência social brasileira (1970-1995)*. São Paulo: Sumaré, 1999. p. 183-221.

HERNÁNDEZ, Antonio B. No dejes que la realidad... Apuntes sobre la representación discursiva de las personas inmigradas en los incidentes de Roquetas 2008. In: LIROLA, M. (Org.). *Migraciones, discursos e ideologías en una sociedad globalizada*: claves para su mejor comprensión. Diputación Provincial de Alicante: Instituto Alicantino de Cultura Juan Gil-Albert, 2010. p. 43-56.

HERZFELD, Michael. *A produção social da indiferença*: explorando as raízes simbólicas da burocracia ocidental. Petrópolis: Vozes, 2016.

HIRATA, Helena. *Mudanças e permanências nas desigualdades de gênero: divisão sexual do trabalho numa perspectiva comparativa*. São Paulo: Friedrich Ebert Stiftung, 2015.

_____; KERGOAT, Danièle. Novas configurações da divisão sexual do trabalho. *Cadernos de Pesquisa*, São Paulo, v. 37, n. 132, p. 595-609, set./dez. 2007.

HOCHSCHILD, Arlie; EHRENREICH, Barbara (Ed.). *Global women*: nannies, maids and sex workers in the new economy. Nova York: Owl Books, 2004.

HOLSTON, James. *Cidadania insurgente*. São Paulo: Companhia das Letras, 2013.

HUNTER, W.; SUGIYAMA, N. Making the newest citizens: achieving universal birth registration in contemporary Brazil. *The Journal of Development Studies*, p. 397-412, 2017. Disponível em: <https://doi.org/10.1080/00220388.2017.1316378>. Acesso em: 16 mar. 2019.

IBGE (Instituto Brasileiro de Geografia e Estatística). Censo demográfico 2010: características da população e dos domicílios — resultados do universo. In: IBGE. *Sidra*: sistema IBGE de recuperação automática. Rio de Janeiro, 2011. Disponível em: <https://sidra.ibge.gov.br/tabela/3211#/n1/all/v/all/p/all/c297/0,2666,2766/c1/0/c287/0/d/v1000352%202/l/,p+c1+v,t+c287+c297/resultado>. Acesso em: 24 jun. 2021.

_____. *Censo 2010*: características gerais da população, religião e pessoas com deficiência. Rio de Janeiro: IBGE, 2012. Disponível em: <https://biblioteca.ibge.gov.br/visualizacao/periodicos/94/cd_2010_religiao_deficiencia.pdf>. Acesso em: nov. 2020.

_____. *Registro civil 2014*: Brasil teve 4.854 casamentos homoafetivos. Rio de Janeiro: Agência IBGE Notícias, 2015.

_____. *Estatísticas do registro civil*, v. 43, 2016. Disponível em: <https://biblioteca.ibge.gov.br/visualizacao/periodicos/135/rc_2016_v43_notas_tecnicas.pdf>. Acesso em: nov. 2020.

_____. IBGE mostra as cores da desigualdade. *Revista Retratos*, 11 maio 2018.

_____. *Registro civil 2019*: número de registros de casamentos diminui 2,7% em relação a 2018. Agência IBGE Notícias, 2019.

_____. *Pesquisa estatísticas do registro civil*. Nota técnica 01/2020: esclarecimentos sobre o sub-registro de nascimentos. Disponível em: <https://biblioteca.ibge.gov.br/visualizacao/periodicos/3099/rc_sev_esn_2018.pdf>. Acesso em: dez. 2020.

JEGANATHAN, Pradeep. Checkpoint: anthropology, identity and the State. In: DAS, Veena; POOLE, Deborah. *Anthropology in the margins of the State*. Novo México: School of American Research, 2004.

JÚDICE, Álvaro. *Registro civil português*. Coimbra: Coimbra Ed., 1927.

KANT DE LIMA, Roberto; EILBAUM, Lucía; PIRES, Lenin. *Conflitos, direitos e moralidades em perspectiva comparada*. Rio de Janeiro: Garamond, 2010.

_____; MISSE, Michel; MIRANDA, Ana Paula. Violência, criminalidade, segurança pública e justiça criminal no Brasil: uma bibliografia. *BIB*: revista brasileira de informação bibliográfica em ciências sociais, Rio de Janeiro, n. 50, p. 45-123, jul./dez. 2000.

KUSCHNIR, Karina. *O cotidiano da política*. Rio de Janeiro: Zahar, 2000.

LANGNESS, L. L. *A história de vida na ciência antropológica*. São Paulo: EPU, 1973.

LINS, Paulo; SILVA, Maria de Lourdes da. Bandidos e evangélicos: extremos que se tocam. *Religião & Sociedade*, v. 15, p. 166-173, 1989.

LIROLA, María Martínez. *Inmigración, discurso y medios de comunicación*. Alicante: Instituto Alicantino de Cultura Juan Gil-Albert, 2008.

_____. Legitimating the return of immigrants in Spanish media discourse. *Brno Studies in English*, v. 40, n. 1, p. 129-147, 2014.

_____. Linguistic and visual strategies for portraying immigrants as people deprived of human rights. *Social Semiotics*, v. 27, n. 1, p. 21-38, 2017.

MAFRA, Clara. O problema da formação do cinturão pentecostal em uma metrópole da América do Sul. *Interseções*, Rio de Janeiro, v. 13, n. 1, p. 136-152, jun. 2011.

MAKRAKIS, Solange. *O registro civil no Brasil*. Dissertação (mestrado em administração pública) — FGV, Rio de Janeiro, 2000.

MALLART, Fábio; RUI, Taniele. Cadeia ping-pong: entre o dentro e o fora das muralhas. *Ponto Urbe*: revista de antropologia urbana da USP [online], n. 21, 22 dez. 2017. Disponível em: <http://journals.openedition.org/pontourbe/3620>. Acesso em: 10 fev. 2019.

MARCUS, George E. Ethnography in/of the world system: the emergence of multi-sited ethnography. *Annual Review of Anthropology*, v. 24, p. 95-117, 1995.

MARIANO, Ricardo. *Neopentecostais*: sociologia do novo pentecostalismo no Brasil. 2. ed. São Paulo: Loyola, 2005.

MARINHO, Lívia. O início e outras histórias. In: MINISTÉRIO PÚBLICO DO ESTADO DO RIO DE JANEIRO. *Acesso à documentação*. Rio de Janeiro: MPRJ, 2017. p. 199-205.

MARINS, Mani Tebet. Repertórios morais e estratégias individuais de beneficiários e cadastradores do Bolsa Família. *Sociologia & Antropologia*, v. 4, n. 2, p. 543-562, 2014.

MAUSS, Marcel. *Ensaio sobre a dádiva*. Lisboa: Ed. 70, 1988.

MINTZ, Sidney M. Encontrando Taso, me descobrindo. *Dados*: revista de ciências sociais, Rio de Janeiro, v. 27, n. 1, p. 45-58, 1984.

MIRANDA, Ana Paula Mendes de. Cartórios: onde a tradição tem registro público. *Antropolítica*, Niterói, n. 8, p. 59-75, 2000.

NOVAES, Regina. *Os escolhidos de Deus*. Rio de Janeiro: Marco Zero, 1998.

PACHECO, Ana Paula Alves. Serviço social no Sepec: invisíveis em foco. In: MINISTÉRIO PÚBLICO DO ESTADO DO RIO DE JANEIRO. *Acesso à documentação*. Rio de Janeiro: MPRJ, 2017. p. 213-220.

PEIRANO, Mariza. Sem lenço, sem documento. *Sociedade e Estado*: revista semestral do Departamento de Sociologia da UnB, v. 1, p. 49-63, jun. 1986.

_____. *This horrible time of papers*: documentos e valores nacionais. Série Antropologia 312, p. 1-61, 2002. Disponível em: <www.dan.unb.br/images/doc/Serie312empdf.pdf>. Acesso em: nov. 2020.

_____. De que serve um documento? In: PALMEIRA, Moacir; BARREIRA, César (Org.). *Política no Brasil*: visões de antropólogos. Rio de Janeiro: Relume Dumará, 2006. p. 25-50.

PINTO, Danilo. Um antropólogo no cartório: o circuito dos documentos. *Campos*, v. 15, n. 1, p. 37-56, 2014.

_____. De papel a documento: uma reflexão antropológica sobre os procedimentos notariais. *Antropolítica*, Niterói, n. 41, p. 328-356, 2016.

POLLAK, Michael. Memória, esquecimento e silêncio. *Estudos Históricos*, Rio de Janeiro, v. 2, n. 3, p. 3-15, 1989.

_____. Memória e identidade social. *Estudos Históricos*, Rio de Janeiro, v. 5, n. 10, p. 200-212, 1992.

REGO, Walquiria Leão; PINZANI, Alessandro. *Vozes do Bolsa Família*: autonomia, dinheiro e cidadania. São Paulo: Unesp, 2014.

REIS, Elisa. Opressão burocrática: o ponto de vista do cidadão. *Estudos Históricos*, Rio de Janeiro, v. 3, n. 6, p. 161-179, 1990.

SANTOS, Erika. O poder público municipal e a promoção do registro civil de nascimento. In: MINISTÉRIO PÚBLICO DO ESTADO DO RIO DE JANEIRO. *Acesso à documentação*. Rio de Janeiro: Ministério Público do Estado do Rio de Janeiro, 2017. p. 81-87.

SANTOS, Wanderley Guilherme dos. *Cidadania e justiça*: a política social na ordem brasileira. Rio de Janeiro: Campus, 1979.

SANTOS, Yumi Garcia dos. Gênero, trabalho e cuidado: continuidades e descontinuidades. *Cadernos de Pesquisa*, São Paulo, v. 47, n. 164, abr./jun. 2017.

SAYAD, Abdelmalek. *A imigração ou os paradoxos da alteridade*. São Paulo: Edusp, 1998.

SCHRITZMEYER, A. L. P. Introdução do eixo direito aos direitos. In: SOUZA LIMA, Antonio Carlos (Coord.). *Antropologia e direito*: temas antropológicos para estudos jurídicos. Rio de Janeiro: Contracapa, 2012. p. 262-270.

_____. Fios da vida: crianças abrigadas, hoje adultas, diante de seus prontuários. *Vivência*: revista de antropologia, v. 1, n. 46, p. 93-112, 2015. Disponível em: <https://periodicos.ufrn.br/vivencia/article/view/8775/6260>. Acesso em: out. 2019.

SINHORETTO, Jaqueline. *Ir aonde o povo está*: etnografia de uma reforma da Justiça. Tese (doutorado em sociologia) — USP, São Paulo, 2007. Disponível em: <www.teses.usp.br>. Acesso em: 23 jun. 2018.

_____. Campo estatal de administração de conflitos: reflexões sobre a prática de pesquisa para a construção de um objeto. In: KANT DE LIMA, Roberto; EILBAUM, Lucía; PIRES, Lenin. *Burocracias, direitos e conflitos*: pesquisas comparadas em antropologia do direito. Rio de Janeiro: Garamond, 2011. p. 25-41.

SOUZA LIMA, Antonio Carlos (Coord.). *Antropologia e direito*: temas antropológicos para estudos jurídicos. Rio de Janeiro: Contracapa, 2012.

_____. Administrando o mal comum na chave dos "direitos". In: VIANNA, Adriana (Org.). *O fazer e o desfazer dos direitos*: experiências etnográficas sobre política, administração e moralidades. Rio de Janeiro: E-papers, 2013.

SZRETER, Simon. The right of registration: development, identity registration, and social security — a historical perspective. *World Development*, v. 35, n. 1, p. 67-80, 2007.

TEIXEIRA, Cesar Pinheiro. *A construção social do "ex-bandido"*: um estudo sobre sujeição criminal e pentecostalismo. Dissertação (mestrado em sociologia e antropologia) — UFRJ, Rio de Janeiro, 2009.

TELLES, Vera. *A cidade nas fronteiras do legal e do ilegal*. Belo Horizonte: Fino Traço, 2010.

_____. Prospectando a cidade a partir de suas margens: notas inconclusas sobre uma experiência etnográfica. *Contemporânea*: Dossiê Fronteiras Urbanas, v. 3, n. 2, p. 359-373, jul./dez. 2013.

THOMÉ, Débora. *O Bolsa Família e a social-democracia*. Rio de Janeiro: FGV Ed., 2013.

THURLER, Ana Liési. Outros horizontes para a paternidade brasileira no século XXI? *Sociedade e Estado*, Brasília, v. 21, n. 3, p. 681-707, set./dez. 2006.

_____. *Em nome da mãe*: o não reconhecimento paterno no Brasil. Florianópolis: Mulheres, 2009.

VAN DIJK, Theo. Discurso de las elites y racismo institucional. *Medios de Comunicación y Inmigración*, Programa CAM Encuentro, p. 11-34, 2006.

VERON, Daniel. *Sociologie des sans-papiers*: processus d'illégalisation des migrant.e.s et expériences clandestines (Paris, Buenos Aires, Montréal). Tese (doutorado em sociologia) — Université Paris Nanterre, Paris, 2017. Disponível em: <https://bdr.parisnanterre.fr/theses/internet/2017/2017PA100042/2017PA100042.pdf>. Acesso em: em 22 jan. 2019.

VIANNA, Adriana (Org.). *O fazer e o desfazer dos direitos*: experiências etnográficas sobre política, administração e moralidades. Rio de Janeiro: E-papers, 2013. p. 15-35.

_____; FARIAS, Juliana. A guerra das mães: dor e política em situações de violência institucional. *Cadernos Pagu*, n. 37, p. 79-116, jul./dez. 2011.

WEBER, Max. *Ensaios de sociologia*. Rio de Janeiro: LTC, 1982.

_____. *A ética protestante e o espírito do capitalismo*. São Paulo: Pioneira, 1989.

Esta obra foi produzida nas
oficinas da Imos Gráfica e Editora na
cidade do Rio de Janeiro